Veröffentlichungen des Instituts
für Deutsches, Europäisches und Internationales Medizinrecht,
Gesundheitsrecht und Bioethik
der Universitäten Heidelberg und Mannheim 1

Herausgegeben von
Görg Haverkate, Thomas Hillenkamp, Lothar Kuhlen, Adolf Laufs,
Eibe Riedel, Jochen Taupitz (Geschäftsführender Direktor)

Springer
Berlin
Heidelberg
New York
Barcelona
Hongkong
London
Mailand
Paris
Singapur
Tokio

Jochen Taupitz · Manuela Brewe (Hrsg.)

Biomedizin im Zeitalter der Globalisierung und Medizinische Versorgung in Zeiten knapper Kassen

Herausforderungen für Recht und Ethik

Springer

Reihenherausgeber:
Professor Dr. Görg Haverkate
Professor Dr. Dr. h.c. Thomas Hillenkamp
Professor Dr. Lothar Kuhlen
Professor Dr. Dr. h.c. Adolf Laufs
Professor Dr. Eibe Riedel
Professor Dr. Jochen Taupitz (Geschäftsführender Direktor)

Herausgeber:
Professor Dr. Jochen Taupitz
Manuela Brewe
Institut für Deutsches, Europäisches
und Internationales Medizinrecht,
Gesundheitsrecht und Bioethik
der Universitäten Heidelberg und Mannheim
Schloß
68131 Mannheim
Deutschland
E-mail: taupitz@jura.uni-mannheim.de
manuela.brewe@jura.uni-mannheim.de

ISBN 3-540-41393-6 Springer-Verlag Berlin Heidelberg New York

Die Deutsche Bibliothek - CIP-Einheitsaufnahme
Biomedizin im Zeitalter der Globalisierung und Medizinische Versorgung in Zeiten knapper Kassen: Herausforderungen für Recht und Ethik / Hrsg.: Jochen Taupitz; Manuela Brewe. - Berlin; Heidelberg; New York; Barcelona; Hongkong; London; Mailand; Paris; Singapur; Tokio: Springer, 2001
(Veröffentlichungen des Instituts für Deutsches, Europäisches und Internationales Medizinrecht, Gesundheitsrecht und Bioethik der Universitäten Heidelberg und Mannheim; Bd. 1)
ISBN 3-540-41393-6

Springer-Verlag Berlin Heidelberg New York
ein Unternehmen der BertelsmannSpringer Science+Business Media GmbH

Umschlaggestaltung: Erich Kirchner, Heidelberg
SPIN 10790851 64/2202-5 4 3 2 1 0

Vorwort

Zwei Universitäten, ein gemeinsames Institut: Im Oktober 1998 wurde von der Ruprecht-Karls-Universität Heidelberg und der Universität Mannheim das Institut für Deutsches, Europäisches und Internationales Medizinrecht, Gesundheitsrecht und Bioethik (IMGB) errichtet. Das Institut wird von einem Direktorium geleitet, das sich aus Professoren beider Universitäten zusammensetzt und kann somit auf den Sachverstand ausgewiesener Wissenschaftler aus zwei juristischen Fakultäten zurückgreifen. Hinzu kommen die ganz unterschiedlichen Profile der beteiligten Universitäten, die die Arbeit des Instituts aus spezifischen Blickwinkeln fördern und interdisziplinäre Forschung in einer Breite ermöglichen, die an einer einzigen Universität und von einer einzigen juristischen Fakultät nicht erreichbar ist.

Am 28. Mai 1999 wurde das IMGB mit einer Festveranstaltung im Rittersaal des Mannheimer Schlosses offiziell eröffnet. Die in diesem Band enthaltenen Grußworte, Ansprachen und der Festvortrag haben die Herausforderungen für die Zukunft aufgezeigt. In den letzten Jahren haben in Deutschland wie auch in zahlreichen anderen Ländern rechtliche Fragestellungen in der Medizin beträchtlich zugenommen. Medizin- und gesundheitsrechtliche Themen besitzen hohe gesellschaftliche Aktualität und politische Brisanz. Das IMGB bietet ein Forum für die integrative und interdisziplinäre Forschung und Lehre auf den Gebieten des deutschen, europäischen und internationalen Medizin- und Gesundheitsrechts. Zugleich gilt es, im Bereich der Bioethik den interdisziplinären Dialog zwischen Natur- und Geisteswissenschaften gerade dort zu fördern, wo das Recht den schwierigen Ausgleich zwischen den scheinbar unbegrenzten Möglichkeiten der Technik (dem technisch Machbaren) einerseits und den ethischen Grundwerten der Gesellschaft (dem moralisch Vertretbaren) andererseits leisten will.

Im Sommersemester 1999 trat das IMGB zudem erstmals mit einer eigenständigen Vortragsreihe an die Öffentlichkeit. Thema war die „Medizinische Versorgung in Zeiten knapper Kassen". In den hier vorgelegten sieben Vorträgen setzen sich namhafte und fachkundige Referenten aus Wissenschaft und Praxis mit dem aktuellen Problem der Ressourcenknappheit und Ressourcenverteilung im Gesundheitswesen auseinander. Die Beiträge spannen einen weiten Bogen von philosophischen, gesellschaftspolitischen, ökonomischen und juristischen Grundfragen bis hin zu ganz praktischen Problemen in der Organisation der gesetzlichen Krankenversicherungen und bei der Tätigkeit des Arztes „vor Ort". Im Anschluß an ihre Vorträge standen die Referenten dem interessierten Publikum für Fragen zur Verfügung.

Besonderer Dank gilt den Rednern und Referenten für ihre Mitwirkung bei der Eröffnungsfeier und der Vortragsreihe des IMGB sowie all jenen, die durch ihre tatkräftige Unterstützung zu den bereits veritablen Erfolgen des jungen Instituts beigetragen haben.

Mannheim, August 2000 — Jochen Taupitz / Manuela Brewe

Inhaltsverzeichnis

Biomedizin im Zeitalter der Globalisierung

Eröffnungsfeier des Instituts für Deutsches, Europäisches und Internationales Medizinrecht, Gesundheitsrecht und Bioethik der Universitäten Heidelberg und Mannheim am 28. Mai 1999

Begrüßung

Professor Dr. Dr. h.c. Peter Frankenberg
Rektor der Universität Mannheim

Sehr geehrter Herr Pick,
sehr geehrter Herr Sieber,
sehr geehrter Herr Vilmar,
sehr geehrter Herr Widder,
sehr geehrte Kolleginnen und Kollegen,
sehr geehrte Damen und Herren,
Meine Damen und Herren,

eine große Zahl herausragender Persönlichkeiten hat sich heute zur Eröffnung des Instituts für Deutsches, Europäisches und Internationales Medizinrecht, Gesundheitsrecht und Bioethik der Universitäten Heidelberg und Mannheim in dem wunderbaren Rittersaal unseres Schlosses eingefunden. Die Anwesenden dokumentieren hierdurch die enge Verbindung beider Universitäten Heidelberg und Mannheim zur Region.

Lieber Herr Kollege Jürgen Siebke, seien Sie zu unserem gemeinsamen Festakt herzlich willkommen in der besten Stube Mannheims. Damit begrüße ich unseren Oberbürgermeister, Herrn Gerhard Widder, der Sie anschließend im Namen der Stadt willkommen heißen wird. Ich begrüße die Staatssekretäre und Abgeordneten Professor Eckhart Pick und Michael Sieber und mit Ihnen unsere Landtagsabgeordneten Gerhard Bloemecke und Max Nagel. Ich begrüße für die zahlreich anwesenden hochrangigen Vertreter der Justiz Herrn Weber, den Präsidenten des Landgerichts und Herrn Kühner, den leitenden Oberstaatsanwalt. Die „andere" Seite vom Medizinrecht vertritt trotz schwieriger Zeit der Präsident der Bundesärztekammer, Professor Vilmar. Herzlichen Dank für Ihre Bereitschaft zu uns zu sprechen. Mit Ihnen begrüße ich Herrn Professor Kolkmann, den Präsidenten der Landesärztekammer Baden-Württemberg. Die enge Verbindung gerade dieses neuen

Instituts zur Stadt dokumentiert sich auch in der Anwesenheit einer großen Zahl von Stadträten. Ich begrüße Herrn Dr. Robin Kähler, Herrn Dr. Jens Kirsch, Herrn Dr. Sven Otto, Frau Marianne Seitz, Frau Regina Trösch und Herrn Helmut Wetzel.

Die Medizinischen Fakultäten der Universität Heidelberg kooperieren nicht nur auf dem Gebiet der Rechtswissenschaft eng mit der Universität Mannheim, sondern auch auf den Gebieten der Informatik und Technik eng mit unserer Universität und der Fachhochschule Mannheim. Ich heiße den Rektor der Fachhochschule Mannheim für Technik und Gestaltung, Herrn Kollegen von Hoyningen-Huene, herzlich willkommen. Die enge Einbindung des neuen Instituts der Universitäten Heidelberg und Mannheim in das Umfeld der Hochschulen des Landes wird darüber hinaus durch die Anwesenheit zahlreicher Kollegen aus Medizin und Rechtswissenschaft belegt. Für sie begrüße ich Herrn Professor Hartmut Kirchheim, den Prorektor der Universität Heidelberg, den Dekan der Juristischen Fakultät der Ruperto Carola, Spectabilis Roth und seinen Freiburger Kollegen, Spectabilis Frisch. Es freut mich, Sie, Herrn Kollege Schreiber, den ehemaligen Präsidenten der Universität Göttingen, begrüßen zu dürfen.

Was wäre eine Institutsgründung ohne Festvortrag. Er weist die hohe Interdisziplinarität des neuen Instituts aus. Mit der herzlichen Begrüßung, sehr geehrter Herr Kollege Honnefelder, verbinde ich den Dank für Ihren Festvortrag „Biomedizin im Zeitalter der Globalisierung - eine Herausforderung für Recht und Ethik."

Es freut mich, meine sehr verehrten Damen und Herren, Sie heute im Namen der Universitäten Heidelberg und Mannheim anläßlich der Eröffnung des Instituts für Deutsches, Europäisches und Internationales Medizinrecht, Gesundheitsrecht und Bioethik (IMGB) der Universitäten Heidelberg und Mannheim willkommen heißen zu können. Ich begrüße Sie damit auch im Namen meines Heidelberger Kollegen, Magnifizenz Siebke.

Mit der Einrichtung dieses interdisziplinären, universitätsübergreifenden Instituts im Oktober letzten Jahres stärken die Universitäten Heidelberg und Mannheim erneut die fruchtbare Kooperation auf dem Gebiet der Rechtswissenschaft und Medizin. Die bislang einmalige Gründung eines derartigen Instituts in Deutschland basiert auf der idealen Ergänzung der Profile beider Universitäten, wie sie durch unsere Strukturentscheidungen im Rahmen des Solidarpaktes noch geschärft worden sind. Die somit gewonnene Bandbreite ermöglicht es Forschenden, Lehrenden und Lernenden, sich auf einem Fundament zu bewegen, das von einer Universität alleine nicht angeboten werden könnte. Die Schwerpunktbereiche im Zivilrecht und Öffentlichem Recht werden durch die Ausweitung auf die Rechtsmedizin und die Rechtsgeschichte sowie durch die Zusammenarbeit mit der Fakultät für Betriebs- und Volkswirtschaftslehre der Universität Mannheim, etwa durch das Angebot zu Fragen im Gesundheits- und Krankenhausmanagement sowie durch die Kooperation mit den Philosophischen Fakultäten durch Angebote im Bereich der Ethik sinnvoll ergänzt.

Das Direktorium des Instituts setzt sich aus Professoren beider Universitäten zusammen. An dieser Stelle seien der Geschäftsführende Direktor Professor Taupitz und sein Stellvertreter Professor Laufs stellvertretend für die anderen Kollegen genannt. Beiden danke ich im Namen beider Universitäten für Ihre Initiative.

Mit der gelungenen Kooperation erwecken wir die Empfehlungen der Hochschulstrukturkommission des Landes zu wirklichem Leben. Sie hatte für die Kooperation zwischen unseren Universitäten eine „Implementierung bislang in dieser Ausgestaltung nicht vorhandener innovativer Schwerpunktsetzungen und Kombinationsmöglichkeiten, etwa im Bereich des Internationalen Rechts“ angeraten. Die Universitäten Heidelberg und Mannheim setzen damit in ihrem Profil weitere spezifische Akzente, die in dieser Kombination an anderen Universitäten im Land nicht zu finden sind. Zu zweit sind wir - uns ergänzend - im hoffentlich stärker werdenden Wettbewerb der Hochschulen untereinander um beste Professoren und Studierende stärker.

Lassen Sie mich als Vorsitzender des Rhein-Neckar-Dreieck e.V. betonen, wie wichtig mir die Implementierung dieses Instituts im Rhein-Neckar-Dreieck ist, das als Biotechnologie-Region vom Bund ausgezeichnet wurde. Diese starke Seite unseres Dreiecks erfährt somit eine hervorragende Ergänzung. Dazu wird sich hoffentlich bald die Seite Medizintechnik mit Public Health gesellen.

Die darüber hinaus vorgesehene Kooperation des Instituts mit dem Zentrum für Ethik in den Wissenschaften in Tübingen sowie dem Freiburger Zentrum für Ethik und Recht in der Medizin ist ein weiterer begrüßenswerter Schritt zur Bildung von Netzwerken.

Meine sehr geehrten Damen und Herren. Es ist dies wieder ein positiver Tag für die Entwicklung unserer beider Universitäten Heidelberg und Mannheim. Dem Land sei an dieser Stelle für die Zustimmung und Förderung, der Errichtung des Instituts für Medizinrecht, Gesundheitsrecht und Bioethik gedankt.

Dem Institut wünsche ich ein vivat crescat florcat!

Ansprache

Professor Dr. Eckhart Pick
Parlamentarischer Staatssekretär bei der Bundesministerin der Justiz

Magnifizenzen,
Spektabilitäten,
sehr geehrter Herr Professor Taupitz,
sehr geehrte Kolleginnen und Kollegen,
meine sehr verehrten Damen und Herren,

Frau Bundesministerin Professor Dr. Däubler-Gmelin hat mich gebeten, Ihnen herzliche Grüße zu übermitteln und dem heute eröffneten Institut für Deutsches, Europäisches und Internationales Medizinrecht, Gesundheitsrecht und Bioethik der Universitäten Heidelberg und Mannheim eine erfolgreiche Arbeit zu wünschen.

Sie haben die Zeichen der Zeit richtig erkannt. Die rechtlichen und ethischen Fragestellungen werden in unserer modernen, hochtechnisierten Gesellschaft immer komplexer. Ihre Beantwortung erfordert eine Konzentration der Kräfte, insbesondere auch aller Kräfte in der Forschung. Sämtliche betroffenen Disziplinen müssen ihren Beitrag leisten.

Ich begrüße es daher sehr, daß Sie mit der Gründung dieses gemeinsamen Instituts hier in Mannheim eine in Deutschland einmalige Initiative ergriffen haben. Sie verwirklichen die notwendige gesamtheitliche Sicht in Bereichen, von denen nicht nur die eine oder die andere gesellschaftliche Gruppe berührt wird. Vielmehr betreffen gerade die Entwicklungen in der Medizin und insgesamt im Gesundheitsbereich jeden von uns unmittelbar. Dies trifft auch auf das Recht zu, das mit diesen Entwicklungen Schritt halten muß. Damit liegt die hohe gesellschaftliche Bedeutung dieses neuen gemeinschaftlichen Instituts zweier Universitäten auf der Hand.

Der rasche Fortschritt auf dem Gebiet der medizinischen Forschung macht es vor allem immer wieder erforderlich, über ethische und rechtliche Grenzen der wissenschaftlichen Forschung nachzudenken. Die Freiheit von Forschung und Wissenschaft ist zwar im Grundgesetz garantiert. Sie ist jedoch nicht unbegrenzt. Sie kann vielmehr durch andere Verfassungsgüter eingeschränkt sein.

Ein Beispiel aus der Biomedizin mag dies verdeutlichen. Einerseits besteht ein wissenschaftliches Interesse, an und mit humanen embryonalen Stammzellen zu forschen. Andererseits gebietet der verfassungsrechtlich garantierte Schutz der Menschenwürde, menschenunwürdige, ethisch nicht vertretbare Formen der Gewinnung und Nutzung dieser Zellen zu verhindern.

Der Gesetzgeber hat in erster Linie die Aufgabe, die verfassungsimmanenten Schranken der medizinischen Forschung zu konkretisieren und gleichzeitig einen angemessenen Ausgleich zwischen den konkurrierenden Verfassungsgütern herzustellen. Deshalb setzte der Gesetzgeber mit dem am 1. Januar 1991 in Kraft getretenen Embryonenschutzgesetz frühzeitig Grenzen für die Anwendung neuer biomedizinischer Methoden am Menschen.

Dadurch konnte der Konflikt zwischen den medizinisch-technischen Möglichkeiten und ethischen Grundprinzipien allerdings nicht dauerhaft gelöst werden. Neuere Entwicklungen - wie z. B. im Bereich pluripotenter Stammzellen - schaffen vielmehr ein Bedürfnis dafür, hier ethische und rechtliche Grenzen zu definieren, und zwar möglichst international einheitlich, damit in diesem wichtigen Bereich ein ethischer Grundkonsens erzielt wird. Dabei wird auch die Arbeit des Instituts für Deutsches, Europäisches und Internationales Medizinrecht, Gesundheitsrecht und Bioethik eine wertvolle Hilfe sein.

Das gilt ebenso für andere strafrechtlich und ethisch bedeutsame Konfliktlagen, die sich mit dem medizinisch-wissenschaftlichen Fortschritt ergeben oder verschärft haben. Ich denke dabei z. B. an das Problem der passiven Sterbehilfe. Hier können die Pflicht zum Schutz des menschlichen Lebens einerseits und das Recht des einzelnen auf ein menschenwürdiges Sterben andererseits miteinander kollidieren.

Ihr Festvortrag, Herr Professor Honnefelder, steht unter der Überschrift „Biomedizin im Zeitalter der Globalisierung - eine Herausforderung für Recht und Ethik". Dies verdeutlicht schlaglichtartig, daß allein nationale Regelungen zum Schutz grundgesetzlich garantierter Werte heute nicht mehr ausreichen. Die Bundesregierung setzt sich daher auch im internationalen Bereich für möglichst hohe Schutzstandards ein. Das gilt z. B. auch im Rahmen der Konvention über Menschenrechte und Biomedizin des Europarates, über deren Unterzeichnung und anschließende Ratifizierung die Bundesregierung noch nicht entschieden hat. Auch im Parlament ist die Diskussion darüber noch nicht wieder aufgenommen worden. Im Gespräch sind derzeit Bestrebungen, eine Enquete-Kommission zu dem Themenkomplex „Menschenrechte und Biomedizin" einzusetzen.

Die Grundlagen zur Lösung der von mir heute nur angedeuteten aktuellen Problemkreise und der sich in Zukunft stellenden Fragen müssen letztlich in interdisziplinärem und internationalem Diskurs geschaffen werden. Dafür werden durch die

Einrichtung dieses Instituts mit den vorgesehenen vielfältigen Verflechtungen beste Voraussetzungen geschaffen. Namentlich der Forschungsschwerpunkt „Bioethik“ greift die von mir angedeuteten Problemkreise auf. Ich erhoffe mir von Ihnen wertvolle Hilfen zur Bewältigung der drängenden Fragen.

Gebündelte interdisziplinäre Zusammenarbeit ist aber nicht weniger notwendig in den Bereichen des Gesundheitsrechts und des Medizinrechts, die in der Bezeichnung des Instituts als weitere Forschungsschwerpunkte zum Ausdruck kommen. Man kann es in der Tat als Glücksfall betrachten, wenn das Institut - um ein Beispiel zu nennen - bei Haftungsfragen im Medizinprodukterecht (mit ihren zivilrechtlichen und öffentlich-rechtlichen Verknüpfungen) auf juristische Fakultäten zweier Universitäten mit einschlägigen fachlichen Schwerpunkten zurückgreifen kann.

Besonderen Gewinn versprechen außerdem die weit über den „juristischen Tellerrand“ hinausreichenden Kooperationsmöglichkeiten, etwa mit Volkswirten in Fragen des Gesundheitswesens oder mit Betriebswirten in Fragen des Krankenhausmanagements. Den gesamtgesellschaftlichen Nutzen Ihres gemeinschaftlichen Instituts kann man daher nicht hoch genug einschätzen.

In diesem Sinne wünsche ich dem Institut für Medizinrecht, Gesundheitsrecht und Bioethik ein gutes Gelingen. Für die zahlreichen komplizierten Gesetzgebungsvorhaben, die auf uns zukommen, wird die Bundesregierung, da bin ich mir sicher, den kompetenten Rat des Instituts zu schätzen wissen.

Vielen Dank für Ihre Aufmerksamkeit.

Ansprache

Michael Sieber, MdL
Staatssekretär im Ministerium für Wissenschaft, Forschung und Kunst Baden-Württemberg

Herr Oberbürgermeister Widder,
Herr Professor Frankenberg,
Herr Professor Siebke,
Herr Professor Taupitz,
Meine Damen, meine Herren,

in seiner berühmten Heidelberger Rede im Jahr 1946 hat Karl Jaspers ein einprägsames Bild gebraucht, als er sagte:

„Das Wesen der Universität ist der lebendige Geist, der in ihr weht".

So zeitlos gültig dieser Satz ist, so sehr bedarf er doch auch der Förderung durch entsprechende Rahmenbedingungen und der jeweils optimalen Aktualisierung. Mit der Gründung des Instituts für Deutsches, Europäisches und Internationales Medizinrecht, Gesundheitsrecht und Bioethik ist es den Universitäten Heidelberg und Mannheim ohne Zweifel gelungen, diese Aussage Jaspers wieder ins Bewusstsein zu bringen, sie mit neuem Leben zu erfüllen und aufzuzeigen, zu welchen Innovationen Universitäten in der Lage sind, wenn sie zusammenarbeiten.

I. Meine sehr geehrten Damen und Herren, Wissenschaftspolitik stand in der Vergangenheit stark unter dem Vorzeichen der Bewahrung überkommener Strukturen und Wertvorstellungen. Heute stehen zahllose Veränderungen im Mittelpunkt wissenschaftspolitischer Überlegungen. Dabei geht es im Wesentlichen um die Veränderung der Strukturen im Hochschulbereich, um die bessere Verknüpfung von Wissenschaft und Wirtschaft im Bereich der Forschung und um eine neue Akzentuierung im Bereich der Lehre. Dabei soll und muss die Hochschule von morgen allerdings auch das Ideal von gestern - Freiheit von Forschung und Lehre und deren untrennbare Einheit - bewahren. Der äußere Rahmen jedoch und die inneren Strukturen dieser Hochschule müssen sich nachhaltig ändern, um auf die großen Herausforderungen eines zunehmenden Wettbewerbs erfolgreich reagieren zu können.

Aufgabe der Hochschulpolitik muß es sein, die Hochschulen auf diese veränderte Wirklichkeit vorzubereiten, ihnen die dafür notwendigen Strukturen zu geben und sie für diese veränderte Zukunft stark und handlungsfähig zu machen. Das ist ein langer Weg, doch wer sich erst gar nicht auf den Weg macht, kommt auch nie an. Es ist dies der Weg in den Wettbewerb in den und zwischen den Universitäten um höchste Qualität und beste Qualifikation, der weiterführt in den universitären und globalen Wettbewerb der Nationen um ihren Leistungsrang in der Weltgesellschaft.

Ich bin stolz darauf, sagen zu können, daß wir bei der Umsetzung der selbstgesetzten Ziele gut vorangekommen sind und eine Reihe größerer Vorhaben soweit vorbereitet haben, daß wir mit einer Umsetzung noch in der laufenden Legislaturperiode rechnen können. Es ist mittlerweile unbestritten, dass Baden-Württemberg in der Hochschulpolitik eine Pionierrolle übernommen hat. Bereits mit den beiden ersten Stufen der Hochschulreform in den Jahren 1995 und 1997 haben wir viel erreicht:

- das Auswahlrecht für die Hochschulen
- die Einführung von Bildungsgutscheinen und
- eine weitere Globalisierung und Flexibilisierung der Hochschulhaushalte.

Am 12. April 1999 hat nunmehr der Ministerrat den Gesetzentwurf zur Novellierung der Hochschulgesetze und damit für die 3. Stufe der Hochschulreform im Land behandelt. Im Zentrum der vorgesehenen Hochschulreform steht die Stärkung und die Erweiterung der Hochschulautonomie durch eine grundlegende Finanz- und Organisationsreform. Es würde den Rahmen dieser Veranstaltung sprengen, würde ich den Versuch wagen, Ihnen die Inhalte dieser Reform nahe zu bringen. Solidarpakt, Globalhaushalte, Einführung von Controlling-Systemen und Veränderung der inneren Struktur der Universitäten sind Schlagworte dieser Reform, die Sie heute in der einschlägigen Presse immer wieder finden.

II. Wenn wir heute von Wettbewerb in den und zwischen den Hochschulen sprechen, so dürfen wir nicht außer Acht lassen, dass für die Hochschulen Baden-Württembergs im internationalen Wettbewerb entscheidend sein wird, ihre Stärken zu erkennen, diese zusammen zu führen, zu bündeln und über die traditionellen Grenzen hinweg bi- oder multilateral eng miteinander zu kooperieren, um ein gemeinsames und abgestimmtes Profil zu entwickeln. Wir befinden uns in einer Zeit starken Wandels. Darauf muß sich auch die Wissenschaft einrichten.

Mit der gemeinsamen Gründung dieses neuen Instituts auf einem hochaktuellen Forschungsgebiet gehen die Universität Heidelberg, die älteste Universität im deutschsprachigen Raum, und die Universität Mannheim, eine der jüngsten Universitäten Baden-Württembergs, einen wegweisenden und modellhaften Schritt in die Zukunft. Sie überschreiten damit die traditionellen Grenzen der Universität, die versucht, alleine im Wettbewerb zu bestehen. Die beiden Universitäten zeigen mit ihrem Schritt, dass sie die Zeichen der Zeit erkannt haben, sie zeigen aber auch gleich den Mehrgewinn und den Erfolg dieser Vorgehensweise auf. Denn mit dieser Verbindung werden bundesweit höchste Maßstäbe auf dem Gebiet des Medizinrechts gesetzt. Ich verbinde mit der Institutsgründung daher die Hoffnung, dass diese erst den Anfang gemeinsamer Aktivitäten zwischen den beiden Universitäten markiert, der Signalwirkung für die übrigen Universitäten Baden-Württembergs haben soll.

III. Meine sehr geehrten Damen und Herren, Wissenschaft ist heute kein Ort mehr für beschauliche Naturbetrachtung, sondern ein Bereich, der im wesentlichen Maße unsere Zukunft und die Zukunft unserer Kinder bestimmt. Oberstes Ziel muß es sein, die vorhandenen Ressourcen möglichst effizient einzusetzen und wissenschaftliche Leistungen von solcher Qualität zu bringen, daß die Wissenschaft Baden-Württembergs in der internationalen Spitzengruppe mitwirkt. Das ist ein hochgestecktes Ziel, dessen Erreichung jedoch nicht nur von der Höhe des finanziellen Impuls abhängt, sondern vor allem auch von der Motivation und dem Engagement der in den Hochschulen und Wissenschaftseinrichtungen tätigen Wissenschaftler und Wissenschaftlerinnen.

Sehr geehrter Herr Professor Taupitz, als Geschäftsführenden Direktor des neuen Instituts danke ich Ihnen stellvertretend für alle Ihre Kolleginnen und Kollegen für Ihr großes Engagement und Ihre Arbeit bei der Gründung des Instituts.

„Auch in Wissenschaften kann man eigentlich nichts wissen. Es will getan sein." sagte Goethe.

Vielen Dank für Ihre Aufmerksamkeit.

Ansprache

Professor Dr. Dr. h.c. Karsten Vilmar
Präsident der Bundesärztekammer und des Deutschen Ärztetages*

Zur Eröffnung des ebenso neuen wie in Deutschland neuartigen Instituts für Deutsches, Europäisches und Internationales Medizinrecht, Gesundheitsrecht und Bioethik der Universitäten Heidelberg und Mannheim gratuliere ich im Namen der Bundesärztekammer als Spitzenorganisation der deutschen Ärzteschaft allen, die an der Gründung mitgewirkt haben, wünsche dem Institut und allen darin Mitwirkenden eine erfolgreiche Arbeit und hoffe gleichzeitig auf eine weiterhin gute, vertiefte Kooperation mit der verfaßten Ärzteschaft.

Faszinierende Fortschritte der Medizin sind gerade in der letzten Jahrhunderthälfte oft nur durch Überschreiten früher unüberwindbar scheinender Grenzen möglich geworden und haben vielen Kranken lange ersehnte, kaum für möglich gehaltene Chancen eröffnet. Zugleich sind dabei aber auch früher unbekannte Probleme entstanden, mit denen neue ethische und rechtliche Fragen verbunden sind.

Erinnert sei an den Ausbau des Rettungswesens und der Intensivmedizin mit allen Möglichkeiten der Reanimation, die neue Regelungen zur Todesfeststellung erforderten, aber auch an die Entwicklung hochwirksamer Arzneimittel- und Substitutionstherapie, die mit der Abtreibung zusammenhängenden Probleme, an die Reproduktionsmedizin sowie neue operative Verfahren wie die Endoprothetik, die minimal invasive Chirurgie oder die Transplantationsmedizin, die von Wissenschaftlern, aber auch von Patienten und Ärzten - sowohl im klinischen Versuchsstadium als auch bei der Anwendung - neue Überlegungen und Entscheidungen verlangen.

Ermöglicht wurde die rasante medizinisch-wissenschaftliche und technische Weiterentwicklung durch Differenzierung und Spezialisierung bei gleichzeitig intensivierter interdisziplinärer und interprofessioneller Zusammenarbeit. Viele medizinische Fragen konnten so gelöst werden, für andere sind weitere medizinisch-wissenschaftliche Erkenntnisse über die Entstehung und Behandlung von Krankheiten zu erwarten. Das gilt z. B. für die Gentechnik und die Molekularbiologie,

---

* Seit Juni 1999 Ehrenpräsident der Bundesärztekammer und des Deutschen Ärztetages

die uns mit den Problemen einer prädiktiven Medizin, ethischen und rechtlichen Fragen ebenso wie mit Finanzierungsproblemen konfrontiert.

Befriedigende Antworten werden nicht allein von der Medizin gefunden werden können, sondern müssen in intensiver Zusammenarbeit von Juristen, Ärzten, Philosophen, Theologen, Ökonomen und anderen auf der Grundlage bewährter ethischer Prinzipien erarbeitet werden, wenn sie in der Gesellschaft akzeptiert werden sollen. Auch die besonderen Probleme der Finanzierung oder die denkbaren Konflikte zwischen Sozialrecht und Haftungsrecht in Zeiten begrenzter Ressourcen dürften nur in enger interprofessioneller Kooperation gelöst werden können. Diese muß von wechselseitigem Vertrauen und Verständnis geprägt sein. Die Konsequenzen für den einzelnen Menschen sind ebenso zu bedenken, wie z. B. die Anpassung der Versorgungsstrukturen an die Fortschritte der Medizin - sowohl in der Praxis wie im Krankenhaus - vor allem mit einer besseren Integration dieser beiden Bereiche und Veränderungen der Strukturen des ärztlichen Dienstes in den Krankenhäusern. Auch Probleme in der Forschung erfordern neue Antworten, so z. B. bei der Forschung an Nichteinwilligungsfähigen in höherem Lebensalter ebenso wie vor der Geburt, mit dem Ziel Diagnostik und Therapie - z. B. von frühkindlichen lebensbedrohenden Fehlbildungen und Stoffwechselstörungen oder bei Altersdemenzen - zu verbessern und derartige Erkrankungen vielleicht in Zukunft überhaupt vermeiden zu können.

Die Beantwortung all dieser Fragen kann und darf nicht allein Politikern überlassen werden. Das zeigen sowohl der gerade in diesen Wochen wiederum hektisch hechelnde „Reform-Marathon" zur Ausgabendämpfung der gesetzlichen Krankenversicherung, der sich nun schon über 20 Jahre hinweg quält, als auch die eher hilflosen Bemühungen der Gesundheitsministerkonferenz zur Regelung von Patientenrechten und die Versuche, unabhängige Beratungsstellen für Patienten zu installieren sowie eine Qualitätskontrolle mit umfassendem Qualitätssicherungs-Management und formalistischen Berichtspflichten zu etablieren, die lediglich zu medizinischen Datenfriedhöfen führen können. Aus allem wird eigentlich offenkundig, daß die Politik mit derartigen Regelungen überfordert ist; sie sollte sich statt dessen den nur von ihr zu regelnden Fragenkomplexen mit Festlegung genügend flexibler Rahmenvorschriften zuwenden, sich dabei von Fachleuten sachkundig beraten lassen und sich nicht nahezu völlig faktenresistent verhalten. Manche Politiker müssen auch erkennen, daß Ethik und Recht nicht nach tagespolitischer Opportunität zurechtgebogen oder ihr gar geopfert werden dürfen.

Für die Medizin ist es unverzichtbar, daß sich das Niveau der ärztlichen Versorgung nach der medizinischen Praxis und Wissenschaft richten muß. Deren Aufgabe ist auch die Formulierung von Leitlinien für Behandlungsmaßnahmen, die stets einen individuellen Entscheidungsfreiraum ermöglichen müssen, um jedem Patienten gerecht werden zu können. Es ist nicht Aufgabe der Ärzteschaft, ökonomisch motivierte Versorgungsgrenzen oder Altersgrenzen zu konkretisieren. Was im individuellen Fall der sorgfältigen medizinischen Einschätzung im Verhältnis von Arzt und Patient unterliegt, ist auch nicht als „Regel" der ärztlichen Kunst verallgemeinerungsfähig. Ein versicherungsrechtliches Wirtschaftlichkeitsgebot muß dort seine Grenzen finden, wo der Heilauftrag des Arztes zum Nachteil des Patienten minimiert wird.

Der Gesetzgeber muß also in der gesetzlichen Krankenversicherung die Leistungsgrenzen selbst definieren, über die hinaus die Solidargemeinschaft nicht in Anspruch genommen werden darf. Dabei können Versorgungsdefizite mit Folgen für die regelrechte Behandlung der Patienten nicht durch das ärztliche Haftungsrecht ausgeglichen werden. Die Begrenzung finanzieller Mittel für die Deckung des Aufwands ärztlicher Versorgung erweitert zugleich das Restrisiko für die Gesundheit oder Heilung des einzelnen. Diese Interdependenz ist unausweichlich. Es liegt in der Verantwortung der Politik, sie bewußt zu machen, was sie mindestens bislang jedoch nicht kann oder nicht will.

Wie auch in anderen Lebensbereichen ist die Internationalisierung der Probleme offenkundig. Grundsätzliche Fragen können nicht mehr nur national beantwortet werden. Auch die Ärzteschaft bemüht sich im Weltärztebund, im Ständigen Ausschuß der europäischen Ärzte und in der Internationalen Kammerkonferenz um übergreifende Standpunkte. Eine internationale ärztliche Ethik hat sich herausgebildet. Eine der bekanntesten und auch einflußreichsten Ergebnisse dieser Bemühungen ist beispielsweise die Helsinki-Deklaration, an deren Zustandekommen maßgeblich auch deutsche Juristen beteiligt waren und auf deren Fortentwicklung sie Einfluß nehmen. Das europäische Gemeinschaftsrecht hat wachsende Auswirkungen nicht nur für die Gesundheitssysteme, sondern auch für die Berufsausübung der Angehörigen der Heilberufe. Zunehmend befassen sich auch die Institutionen der Europäischen Union mit medizin-ethischen Fragen. Hier dürfte ebenfalls ein neues und weites Betätigungsfeld für das Institut liegen.

Bei allen Überlegungen sollte schließlich die Erkenntnis nicht vergessen werden, daß die Erhaltung von Gesundheit ebenso wie der Verlauf von Krankheiten auch einen schicksalhaften Bezug haben, wobei allerdings mancher heute als schicksalhaft akzeptierte Verlauf möglicherweise durch in späteren Jahren neu gewonnene Erkenntnisse anders beurteilt werden muß. Dennoch wird das Leben wegen biologischer Gegebenheiten auch künftig der Endlichkeit unterworfen bleiben.

Möge die Arbeit des neuen Instituts für Medizinrecht in vertrauensvollem Dialog mit der Ärzteschaft dazu beitragen, viele der heute noch offenen Fragen zu beantworten und die sich in weiterer Zukunft ergebenden unterschiedlichen Probleme im Konsens mit der Gesellschaft einer Lösung näher bringen.

Biomedizin im Zeitalter der Globalisierung: Eine gemeinsame Herausforderung für Ethik und Recht

Professor Dr. Dr. h.c. Ludger Honnefelder
Philosophisches Seminar der Universität Bonn
Lehr- und Forschungsbereich II
Direktor des Instituts für Wissenschaft und Ethik e.V.

Kaum ein anderes Phänomen hat der modernen Wissenschaft eine so weitgreifende Anerkennung verschafft wie die Anwendung der Naturwissenschaften auf den Menschen selbst in Form der Medizin und ihrer Teildisziplinen; kaum ein anderes Phänomen aber hat zugleich das Selbstverständnis des Menschen so tiefgreifend verändert und ihn vor so gravierende Herausforderungen gestellt wie das mit dieser Entwicklung eröffnete Spektrum von Einsichts- und Eingriffsmöglichkeiten. Da es die gleiche Dynamik ist, die mit den Möglichkeiten auch die Herausforderungen nach sich zieht, ist die moderne Biomedizin nur um den Preis zu haben, sich zugleich auf die mit ihr verbundenen Herausforderungen für Ethik und Recht einzulassen.

I. Wenn wissenschaftliche Erkenntnis es ermöglicht, in die Natur einzugreifen und erfolgreich Krankheit und Tod, Hunger und Armut, Unbildung und Abhängigkeit zu bekämpfen, dann ist die zu ihr führende Forschung, so betonen die frühen Vordenker der neuzeitlichen Wissenschaft, *Bacon* und *Descartes*, ein Werk der Fürsorge und eine moralische Pflicht. Daher verbindet sich das mit der Entdeckung von Philosophie und Wissenschaft aufbrechende Wissenwollen des homo sapiens zu Beginn der Neuzeit mit dem entschiedenen Willen, die menschliche Lage zu verbessern. Möglich wird dies freilich erst durch die sich mehr und mehr entfaltende Dynamik einer Wissenschaft, die sich als Forschung versteht und auf Gesetzeswissen abzielt, das erfolgreichen Eingriff in die Natur erlaubt. Zum Anspruch auf Freiheit für das Wissenwollen tritt der Anspruch auf Freiheit für Hypothesenbildung und experimentelle Überprüfung, für unbegrenzten Austausch und eine durch keine Autorität behinderte Prüfung und Kritik. Denn wenn Wissenschaft im Prozeß der Forschung selbst besteht, so lautet die Begründung, und deren Dynamik der Kompetition der besten Lösungsversuche entspringt, dann darf dieser Prozeß um seiner Leistung wegen keinen anderen Beschränkungen unterliegen als denen der Wissenschaft selbst. Die grundrechtlich gesicherte Freiheit des Wissenwollens, die dem homo sapiens zukommt, erweitert sich zur Teilautonomie des gesellschaftlichen Subsystems Wissenschaft.

Ohne sie ist die immense Produktivität nicht zu haben, die die moderne wissenschaftliche Rationalität und ihre Anwendung auf die Welt des Menschen auszeichnet. Durch sie wird aber zugleich die Rückbindung, die das Projekt der Wissenschaft seit seinem Beginn an dem der Humanität orientierte, zum Problem. Am offenkundigsten wird dies in derjenigen Disziplin, der die Einsicht und der Eingriff in die Natur des Menschen selbst anvertraut war und die deshalb mehr als andere Disziplinen die Orientierung an der *lex artis* mit der an derjenigen Idee des Guten verband, nämlich in der Medizin. Von allen anderen Zielen als dem des Erkenntnisgewinns freigesetzt, eröffnet ihr die immer gezielter eingesetzte naturwissenschaftliche Forschung bislang unbekannte Erkenntnis- und Handlungsmöglichkeiten, vermittelt ihr aber nicht die Maßstäbe, die sie zu deren Anwendung auf den Menschen braucht. Im Gegenteil, mit der Indienstnahme der erfolgreichen Naturwissenschaften und ihrer methodischen Rationalität droht sich die Medizin einem Prozeß auszusetzen, dessen Selbstläufigkeit die Ziele in Frage stellen könnte, um derentwillen er begonnen wurde. Sind die Probleme, so lautet am Ende die Frage, die dieser Prozeß auslöst, nicht längst größer als die, die er einst zu lösen versprach?

Die Herausforderung, die in dieser Frage sichtbar wird, wäre unvollständig, wenn man nicht die Dimension jener Rationalität hinzunähme, mit der sich die Rationalität der technisch anwendbaren Wissenschaft verbunden hat und für die das Stichwort der *Globalisierung* in besonderer Weise steht, nämlich die der *Ökonomie*. Von *Adam Smith* als das geeignetste Instrument der distributiven Gerechtigkeit betrachtet und propagiert, hat die Ökonomie des Marktes ähnlich wie Wissenschaft und Forschung durch die Teilautonomie, die ihr als Subsystem in der modernen Gesellschaft eingeräumt ist, eine Dynamik gewonnen, die aufgrund ihrer Schlüsselrolle alle anderen Subsysteme einbezieht. In hohem Maß gilt dies für die moderne Medizin, deren Handlungsmöglichkeiten zu weiten Teilen von den durch die gegenwärtigen Systeme der Gesundheitsfürsorge erschlossenen Ressourcen abhängen. In dem Maß aber, in dem Gewinn und Verteilung dieser Ressourcen der ökonomischen Rationalität unterworfen sind, tritt auch die moderne Biomedizin unter deren Gesetze. Zur Globalisierung der Medizin durch das Paradigma der wissenschaftlichen Forschung und ihrer Anwendung tritt die Globalisierung der Medizin durch eine die nationalen Schranken hinter sich lassende Ökonomie. Beide Weisen der Globalisierung aber lassen nicht nur die Effizienz, sondern auch die Herausforderung zunehmen, jene Rückvernetzung zu erreichen, die allein die gewachsenen Mittel an die gebotenen Ziele zu binden vermag. Gelingt dies nicht, wird in der Kompetition der Forschung und in der Konkurrenz des Marktes, so ist zu befürchten, am Ende derjenige den größten Vorteil haben, der dabei keinerlei Grenzen unterliegt. Was unter solchen Bedingungen prämiert wird, ist nicht die verantwortliche Grenzziehung, sondern die ethische oder rechtliche Nivellierung nach unten. Wie aber kann die Dynamik von Forschung und Markt genutzt und zugleich die Erosion der ethisch und rechtlich zu wahrenden Grenzen vermieden werden?

II. Situationen, deren Komplexität sich der Reduktion auf einsichtige Handlungsmuster zu entziehen droht und in denen die einfache Übertragung tradierter Handlungsmuster versagt, lassen mit Vorzug zu Extremlösungen greifen: entweder alle neuen Handlungsmöglichkeiten mit Blick auf die Unübersichtlichkeit der Folgen und Nebenfolgen zu verbieten oder sie ohne jede Grenze freizugeben und alles in die Wirklichkeit umzusetzen, was technisch möglich ist. Beide Lösungen können für die moderne Biomedizin nicht überzeugen. Das generelle Verbot schließt mit den problematischen auch die höchst positiven Seiten aus; die generelle Freigabe in Form des „technologischen Imperativs" (H. Jonas) verzichtet auf die Bindung an jene Ziele, die der Medizin von Beginn an ihre Legitimität verschafft hat. Im Hinblick auf die ethische und rechtliche Herausforderung laufen beide Handlungsmuster auf eine Kapitulation hinaus; sie sind Symptome des Problems, nicht aber dessen Lösung.

Zugleich aber machen sie deutlich, welche Schwierigkeiten einer überzeugenden Lösung auf Seiten von Ethik und Recht entgegen stehen. Erst diese Schwierigkeiten lassen die Herausforderung durch die moderne Biomedizin in ihrer ganzen Schärfe hervortreten. Die erste Gruppe dieser Schwierigkeiten hängt mit der Geschwindigkeit zusammen, mit der die neuen Handlungsmöglichkeiten aufgrund der geschilderten Dynamik entwickelt werden, und mit der Neuartigkeit, die sie im Vergleich zu den gewohnten Handlungsweisen auszeichnen. Wann hatte die Menschheit es beispielsweise je mit der Frage zu tun, ob sie von der Möglichkeit einer asexuellen Fortpflanzung Gebrauch machen soll, wie sie durch die Klonierung mit Hilfe der Kerntransplantation möglich ist? Und wie soll sie, um ein anderes Beispiel zu nennen, mit der Möglichkeit umgehen, die Vitalfunktion eines Menschen auch nach irreversiblem Ausfall aller Großhirnfunktionen über lange, ja fast beliebige Zeit aufrecht erhalten zu können? Handlungsweisen, die solch neuer Art sind, lassen sich nicht unter gewohnte Handlungsklassen subsumieren, und für die Erfahrung, aus der gewöhnlich handlungsleitende Normen und Einstellungen erwachsen, fehlt angesichts der Innovationsgeschwindigkeit die Zeit.

Die hier sichtbar werdende Ratlosigkeit verstärkt sich durch die Tatsache, daß die neuen Erkenntnisse, die die veränderten Handlungsmöglichkeiten nach sich ziehen, Fragen neu entstehen lassen, die wir längst für beantwortet hielten. Was ist eigentlich, um wiederum ein Beispiel solcher Fragen zu nennen, nach all dem, was wir wissen, als Beginn des menschlichen Lebens zu betrachten und was als sein Ende? Klärung in solchen Fragen wäre leichter zu gewinnen, wäre sich die moderne Gesellschaft hinsichtlich der Wertüberzeugungen einig, von denen sie bei ihren Antworten auszugehen hat, und lägen die Verfahren auf der Hand, mit deren

Hilfe diese Wertüberzeugungen auf die neuen Handlungskonstellation zu übertragen wären. Beides aber ist aus unterschiedlichen Gründen schwer geworden: Das gleiche Projekt der Moderne, dem die immensen Erweiterungen der Erkenntnis- und Handlungsmöglichkeiten entspringen, hat zugleich die Zone der individuellen Wertentscheidungen größer und die der gemeinsamen kleiner werden lassen. Und wo wir auf solche gemeinsamen Überzeugungen und Einstellungen zurückgreifen können, versteht sich nicht von selbst, wie sich in ihrem Horizont die gesuchten Handlungsnormen einvernehmlich ableiten lassen. Längst ist ja aus unserer Verantwortung *vor* Normen, die Verantwortung *für* Normen geworden. In einer solchen Lage können weder Einzelfallentscheidung, also Kasuistik, noch eine Sonderethik überzeugen. Subsumtion unter bekannte Normen oder einfache Deduktion von Normen aus höheren Prinzipien aber scheitert an der erwähnten Neuartigkeit der in Frage stehenden Handlungsklassen und widerspricht der Erfahrung, die Ethik und Recht mit den Prozessen komplexer Normfindung gemacht haben.

Hinzu kommt eine Schwierigkeit, die das Verhältnis von Wissenschaft und Ethik ebenso wie das von Ethik und Recht betrifft. Ich meine die mit der Freiheit der Forschung und der methodisch geforderten Werturteilsfreiheit begründete Distanz der empirischen Wissenschaften zu ethischen Fragen. Wenn Grundlagenforschung, so lautet die Begründung, nichts anderem dient als der Erkenntnis und deshalb als ethisch legitim betrachtet werden muß, und die Regelung ihrer Anwendung als Sache des Rechts, vornehmlich in Gestalt des Berufsrechts, zu betrachten ist, sind ethische Fragen aus der Sicht der Wissenschaften gleichsam exterritoriales Gebiet. Eben dieser Aufteilung entspricht die Ausdifferenzierung der modernen Gesellschaft in Subsysteme, die wie Wissenschaft und Markt kraft ihrer Teilautonomie allein ihrem eigenen Code folgen und dementsprechend Handlungsorientierung durch Moral als *paradigm lost* (N. Luhmann) abweisen.

Was aber bei dieser Diagnose offen bleibt, sind die für unseren Zusammenhang entscheidenden Fragen: nach welchem Code die notwendige Rückvernetzung der Subsysteme vor sich gehen soll, auf was das in Anspruch genommene Recht zurückgreifen soll, wenn die Anwendung nicht durch Subsumtion zu lösen ist und den Bereich bloßer Regelungsprobleme übersteigt, und wie sich Recht und Ethik auf die Gesellschaft zu beziehen haben, wenn die gesuchte Normsetzung nicht durch einfache Anwendung der akzeptierten Wertüberzeugungen, sondern nur durch deren Fortbestimmung erreicht werden kann.

Damit stehen wir aber vor einer in mehrfacher Hinsicht neuen Situation: Die *Wissenschaft* ist in ganz neuer Weise herausgefordert, sich innerhalb ihrer selbst und nicht erst im Blick auf die Anwendung ihrer Ergebnisse mit Fragen der Ethik zu beschäftigen. Das *Recht* ist durch die geschilderte Entwicklung stärker als bisher auf die Ethik verwiesen. Die *Ethik* ist gezwungen, ihren Grundlegungsdiskurs zu verlassen und sich auf Fragen der Handlungsleitung einzulassen. Wissenschaft, Recht und Ethik aber sind *gemeinsam* gefordert, sich bei ihrem Beitrag zu der gesuchten Selbstbegrenzung auf die *Gesellschaft* zu beziehen, wenn deren leitende Vorstellung vom Guten und Gerechten den Maßstab bilden soll.

III. In welcher Weise aber haben Ethik und Recht die damit angedeutete Herausforderung bislang angenommen, und zu welchem Verhältnis von Ethik und Recht hat dies geführt? In ausgeprägter Weise wurde die Herausforderung zunächst in den Vereinigten Staaten aufgenommen; in Europa begann die Reaktion auf die neue Entwicklung später, zunächst den amerikanischen Ansätzen folgend, dann in Ausbildung eines spezifisch kontinentaleuropäischen Zugangs. Beide Versuche einer Antwort auf die skizzierte Herausforderung setzten bei Formen einer Rechtsbildung ein, die ihrerseits mit charakteristischen Prozessen ethischer Konsensbildung zusammenhängen.

In den *USA* griff man zur Lösung der sich zu Beginn der 60er Jahre aufdrängenden Regelungsprobleme auf den *Nuremberg Code on Human Experimentation* zurück, der 1947 von dem Internationalen Gerichtshof aufgestellt wurde, der für die Aburteilung der verbrecherischen Experimente an Menschen während des Nationalsozialismus zuständig war. Mit der Aufstellung des Kodex folgte das Gericht dem in der Rechtskultur des *common law* geläufigen Verfahren, bei fehlendem Präjudiz und mangelnder Gesetzgebung auf akzeptierte ethische Prinzipien zurückzugreifen. Als die *National Commission for the Protection of Human Subjects of Biomedical and Behavioral Research* sich 1978 mit dem Problemkreis zu befassen hatte, griff sie auf die ersten drei bzw. vier Prinzipien -- *respect for persons (autonomy), nonmaleficence, beneficence, justice* -- zurück und hielt sie im *Belmont Report* fest. Für den Bereich der biomedizinischen Forschung formuliert, wurden sie zum Ausgangspunkt des sich in den USA rasch entwickelnden *four-principle-way* in der modernen biomedizinischen Ethik.

Die *kontinentaleuropäische* Antwort auf die skizzierte Herausforderung setzte -- so in Frankreich und in Deutschland -- in besonders dringenden Feldern der neuen Biomedizin das Mittel der gesetzlichen Regelung ein und bezog sich bei der normativen Grundlegung auf die Wertüberzeugungen, die in den verfassungsrechtlichen Regelungen zum Ausdruck kommen. Der *Europarat* reagierte auf den grenzübergreifenden Charakter der Herausforderung und griff bei seinen in den späten 70er Jahren einsetzenden Resolutionen und Empfehlungen auf den ethischen Konsens zurück, der in seinem Gründungsdokument, der *Europäischen Menschenrechtskonvention* von 1950, festgehalten ist. Zum Programm wurde dieser Rückgriff, als Parlamentarische Versammlung und Ministerkomittee des Europarats 1990 eine Rahmenkonvention in Auftrag gaben, die dem Schutz von Menschenwürde und Menschenrechten in bezug auf „die Anwendung der modernen Biologie und Medizin" dienen und durch Protokolle zu bestimmten Anwendungsfeldern ergänzt werden sollte.

Beide Versuche, der Herausforderung durch die moderne Biomedizin zu begegnen, gleichen einander und unterscheiden sich auf charakteristische Weise: Gemeinsam ist beiden Versuchen, das Problem *topisch* zu lösen, also weder den Weg einer Sonderethik zu versuchen, noch sich auf eine reine Einzelfallentscheidung zu verlassen, sondern bei der Suche nach der für die konkrete Handlungskonstellation als maßgeblich zu betrachtenden Norm auf die Regel bzw. das Prinzip zurückzugehen, die im Sinn von „shared maxims" (St. Toulmin) als allgemein verbindlich betrachtet werden können. Beide stimmen auch darin überein, daß sie die als *mittlere*, oder besser: *vermittelnde* Prinzipien geeigneten Kriterien in Rechtskodifikationen finden, in denen sich eine aus der Erfahrung von Mißbrauch, Verbrechen und Leid erwachsene ethische Konsensbildung niedergeschlagen hat, nämlich in dem aus dem Erschrecken über die verbrecherischen Versuche an Menschen entstandenen *Nürnberger Kodex* bzw. in der aus der Nachkriegsbesinnung auf das zurückliegende Unrecht geborenen *Europäischen Menschenrechtserklärung*. Auch was sie formal festhalten, verbindet die beiden Ansätze: Es ist ein *partieller* Konsens, insofern er nur das festhält, was unter den Bedingungen gesellschaftlicher Pluralisierung Plausibilität zu gewinnen vermag. Dies bedeutet nicht, daß solche Plausibilität vom Himmel fällt, noch daß sie für sich allein zu bestehen vermag. Sie verdankt sich -- wie der Menschenrechtsgedanke -- bestimmten historischen Wurzeln, doch ist sie offenkundig davon ablösbar und mit verschiedenartigen tieferen Begründungskontexten zu verbinden. Darüber hinaus bedarf sie der Einbettung in eine gehaltvolle Lebensform; doch kommt dafür offensichtlich nicht nur eine bestimmte Lebensform in Frage.

Unterschiedlich sind die beiden Ansätze in ihrer Rechtsform und ihren Gehalten. Der *four-principle-way* enthält keine Rangordnung der Prinzipien, wie sie der Menschenrechtsgedanke durch die Vorordnung der Unverletzlichkeit der menschlichen Würde vor den anderen Grundrechten kennt. Auch meint, um ein weiteres Bespiel zu nennen, die *autonomy*, die im amerikanischen Ansatz den *respect for persons* begründet, nicht das gleiche wie die Selbstzwecklichkeit des sittlichen Subjekts, wie er dem Begriff der *menschlichen Würde* zugrunde gelegt werden kann.

Gemeinsam sind beiden Ansätzen die Schwierigkeiten, vor denen sie bei ihrer Aufgabe stehen. Diese Schwierigkeiten zeigen sich im Blick sowohl auf die anzuwendende Methode als auch auf die zu erwartende Leistung. Geht man nämlich, wie es die beiden Ansätze tun, von Prinzipien aus, die ihre Verbindlichkeit ihrer Allgemeinheit verdanken, bedarf die Gewinnung handlungsleitender Normen einer Konkretion, die als Fortbestimmung (Determination), nicht als Deduktion verstanden werden muß. Da diese Fortbestimmung die in den Prinzipien zum Ausdruck kommenden Wertüberzeugungen auf wissenschaftlich vermittelte Handlungskonstellationen beziehen muß, ist sie sowohl auf interdisziplinäre Kompetenz als auch auf gesellschaftliche Partizipation verwiesen. Nur wenn sie die Handlungsmöglichkeiten aus ihren wissenschaftlichen Bedingungen begreift, kann sie angemessene Regelungen finden. Und nur wenn sie sich als gesellschaftliche Auseinandersetzung vollzieht, kann sie Konsens für die 'Fortschreibung' der Auffassung von Humanität erwarten, die sie in ihren Ausgangsprinzipien zugrunde legt. Der Terminus der *Angewandten Ethik*, der sich für diese Form ethischer Urteilsbildung eingebürgert hat, zeigt die Lösung an, darf aber über die mit dieser Urteilsbildung verbundenen Schwierigkeiten nicht hinwegtäuschen. Gewiß bietet die ethische Tradition mit ihren Deutungen der Form *praktischer Überlegung*, wie sie von Aristoteles' *praktischem Syllogismus* bis zu J. Rawls *Überlegungsgleichgewicht* reicht, Ansatzpunkte, doch steckt deren Reformulierung für wissenschaftlich hoch konditionierte Handlungskonstellationen wie die der Biomedizin erst in den Anfängen. Und auch die notwendige Partizipation der Gesellschaft und ihrer Gruppen am Prozeß der gesuchten Fortbestimmung der leitenden Wertüberzeugungen muß ihre angemessene Form erst noch finden.

Will man schließlich die Leistung der skizzierten Ansätze richtig einschätzen, ist es von Bedeutung, ihre Tragweite wie ihre Grenzen genau zu bestimmen. Entscheidend ist dafür die Einsicht, daß die grundlegenden ethisch-rechtlichen Prinzipien wie der Schutz der Menschenwürde Normen sind, die ihre übergreifende Bedeutung nur durch den Umstand gewinnen, daß sie die maßgeblichen Grenzen ziehen, nicht aber eine Quelle weiterer Normen darstellen. Ein ähnlicher grenzziehender Charakter kommt auch den im Horizont dieser allgemeinsten Prinzipien gewonnenen Normen für die Anwendung der modernen Biomedizin zu. So gewinnt beispielsweise die Regelung der *Menschenrechtskonvention zur Biomedizin* des Europarats, alle medizinischen Interventionen an „professional obligations and standards" (Artikel 4) und alle prädiktiven genetischen Tests von Krankheiten an „health purposes" zu binden, nur dadurch ihre allgemeine Verbindlichkeit, daß sie nicht auf den weiten Gesundheitsbegriff abstellt, der wie derjenige der WHO Gesundheit mit allgemeinem Wohlbefinden gleichsetzt, sondern auf den Begriff der Krankheit Bezug nimmt, wie er das ärztliche Handeln in der Trias von Diagnose, Therapie und Prävention bestimmt. Rechtlich handelt es sich bei den genannten Prinzipien und Kriterien deshalb um *Mindestnormen*, die diesseits der verschiedenen Ethosformen, die als „vollständige starke Gestalten des Guten" (J. Rawls) in der modernen Gesellschaft nur im Plural auftreten, von allen Beachtung verlangen können und müssen.

Damit kommt die Differenz zwischen nationalem und übernationalem Recht sowie zwischen Recht und Ethik ins Spiel. Wer in den auf die Biomedizin bezogenen rechtlichen Regelungen alles das wiederzufinden hofft, was ihm die für die eigene Person verbindliche sittliche Lebensform gebietet, hebt die für die moderne Gesellschaft konstitutive Differenz von Ethik und Recht auf. Auch in so prekären und mit dem Kernbereich des Individuums so eng verbundenen Handlungskontexten wie denen der modernen Biomedizin kann keine inhaltliche Kongruenz von Recht und Sittlichkeit erwartet werden, ebenso wenig wie freilich deren einfache Trennung. Wenn das Recht nach Kants Formel die Freiheitsansprüche eines jeden mit denen eines jeden anderen kompatibel machen soll, kann es weder die Differenz der sittlichen Lebensformen aufheben noch die Bindung an den Anspruch des Sittlichen aufgeben, ohne die notwendige Legimität des Rechts auf reine Legalität zu reduzieren. Soll die damit angedeutete Grenze gewahrt werden, kommt dem in der Verfassung zum Ausdruck gebrachten ethischen Konsens die Rolle des Maßstabs zu.

Nicht weniger prekär als der Zusammenhang und die Differenz von Recht und Ethik sind Zusammenhang und Differenz von nationalem und übernationalem Recht, wie sie für die Biomedizin durch die bereits erwähnte *Menschenrechtskonvention zur Biomedizin* des Europarats und die *Allgemeine Erklärung über das menschliche Genom und die Menschenrechte* der Vereinten Nationen aktuell geworden sind. Kann dem werdenden Recht im übernationalen Recht nur zugestimmt werden, wenn es die jeweiligen nationalen Normen enthält? Muß nicht im anderen Fall eine Erosion der eigenen Rechtsordnung zugunsten der auf die Zone des Konsensfähigen beschränkten übernationalen Standards befürchtet werden? Oder ist die Grenze der Zustimmung erst da erreicht, wo der verfassungsrechtliche Kern, im deutschen Fall der Grundrechtsteil des Grundgesetzes, berührt wird?

IV. Erst angesichts dieser Fragen wird deutlich, vor welche Aufgaben uns die modernen biomedizinischen Wissenschaften und ihre weltweite Realität stellen. Wenn sich die Biomedizin wie die Ökonomie und die technische Anwendung naturwissenschaftlicher Erkenntnis -- ihren je eigenen Kodierungen folgend -- immer stärker zu weltweiten Handlungskontexten ausdehnen, kann eine ethisch-rechtliche Regulierung nicht genügen, die am jeweiligen Verfassungsrecht seinen Maßstab hat und nur für dessen Geltungsbereich Kraft besitzt. Wichtige Funktionen der ethisch-rechtlichen Grenzziehung sind nur mehr übernational, und hier insbesondere durch die Völkerrechtsgemeinschaft wirksam wahrzunehmen, die ihrerseits ihren Maßstab im Menschenrechtsgedanken besitzt. P. Kirchhof hat anläßlich des 50. Jahrestages der Inkraftsetzung des Grundgesetzes betont (vgl. FAZ v. 22.5.99), daß ein solcher Prozeß die nationalen Rechtskulturen nicht nur nicht ersetzt, sondern voraussetzt und schützt. Ebenso wie die Gemeinschaftsgrundrechte der Verfassung das Individuum und seine Freiheit nicht in Frage stellen, sondern ermöglichen, so setzt -- wie man Kirchhofs Gedanken verlängern könnte -- ein völkerrechtlich auf der Basis der Menschenrechte vereinbarter Rahmen von rechtlichen Mindestnormen für die Anwendung der modernen Biomedizin die jeweilige darauf bezogene nationale Rechtsordnung und die ihr zugrunde liegenden Wertüberzeugungen voraus und schützt sie. Denn nur wenn eine solche Rahmenvereinbarung in der Konkurrenz der Rechtskulturen und Ethosformen erstritten wird, gewinnt sie Gehalt, und nur so kann sie der Aufgabe entsprechen, jene Mindestschranken zu setzen, die die nationalen Regelungen der Nivellierung nach unten entziehen und den Lernprozeß der Völkergemeinschaft in Gang setzen, ohne den sich die Wahrung der Humanität angesichts der geschilderten globalen

Dynamik nicht erreichen läßt. Die skizzierte Globalisierung der modernen Biomedizin zwingt aber nicht nur zu dem angedeuteten -- für den Bereich der Biomedizin ungewohnten -- Weg werdenden Rechts im Rahmen der Völkerrechtsgemeinschaft; sie verschärft zugleich den Prozeß, der allererst die Voraussetzungen schafft, ohne die die rechtliche Regulierung eines so sensiblen Bereichs unter den Bedingungen einer pluralen und in Subsysteme differenzierten Gesellschaft nicht möglich ist. Wenn die vorausgegangenen Überlegungen zutreffen, gehört dazu ein neues Verhältnis der Wissenschaften zu Ethik und Recht, das die Grundlagen für eine in dieser Form ungewohnte interdisziplinäre Zusammenarbeit der beteiligten Disziplinen bildet. Denn erst dies wird den Beitrag ermöglichen, den die Wissenschaft zu erbringen hat, um die durch sie initiierte Dynamik der Biomedizin, weltweit in der Bindung an das Ziel zu halten, dem sie entsprungen ist, nämlich dem der Humanität.

Man muss daher den beiden Universitäten Mannheim und Heidelberg gratulieren, dass sie sich entschlossen haben, auf diese Herausforderung mit der Gründung eines *Instituts für Deutsches, Europäisches und Internationales Medizinrecht, Gesundheitsrecht und Bioethik* zu reagieren, und dem neugegründeten Institut, sowie seinen Direktoren und Mitarbeitern wünschen, daß es mit der zu erwartenden Wirksamkeit seinen Beitrag zu der dringend erforderlichen Diskussion leisten wird.

Schlußwort

Professor Dr. Jochen Taupitz
Geschäftsführender Direktor des Instituts für Deutsches, Europäisches und Internationales Medizinrecht, Gesundheitsrecht und Bioethik der Universitäten Heidelberg und Mannheim

Meine sehr geehrten Damen und Herren, meine Aufgabe besteht darin, für *die* Institution zu sprechen, deren Gründung wir heute gemeinsam feiern. Ich tue dies gern, und ich tue dies zugleich im Namen meiner Direktoriumskollegen, der Herren Professoren Haverkate, Hillenkamp und Laufs von der Juristischen Fakultät der Universität Heidelberg sowie der Herren Professoren Kuhlen und Riedel von der Fakultät für Rechtswissenschaft der Universität Mannheim.

In unser aller Namen möchte ich zunächst den heutigen Rednern der Begrüßungsworte und Ansprachen sowie Herrn Honnefelder für seinen die Philosophie und Rechtswissenschaft gleichermaßen ansprechenden und in die Pflicht nehmenden Festvortrag sehr herzlich danken. Ebenso danke ich den Mitgliedern des Collegium Musicum für ihre musikalische Umrahmung des Festakts. Die gesprochenen Worte und die Musik haben nicht nur wohlgeklungen, sondern auch Optimismus und gute Wünsche ausgedrückt und zugleich Herausforderungen für die Zukunft aufgezeigt.

Wenn in Zeiten knapper öffentlicher Kassen, wie wir sie zur Zeit erleben, ein neues Universitätsinstitut gegründet wird, dann ist dies zweifellos ein wichtiges Indiz für einen erheblichen und bisher nicht ausreichend befriedigten Forschungs- und Beratungsbedarf. Die Gründung eines solchen Instituts beruht aber auch und vor allem darauf, daß man denjenigen, die das Institut tragen und in ihm wirken, tatsächlich zutraut, diesem Forschungs- und Beratungsbedarf gerecht zu werden. Für den Vertrauensvorschuß, den man uns in dieser Hinsicht auch persönlich entgegenbringt, darf ich mich - wiederum im Namen des gesamten Direktoriums - sehr herzlich bedanken. Daß wir allerdings nicht ganz am Beginn der einschlägigen Forschungstätigkeit stehen, zeigt wohl sehr deutlich der Umstand, daß so viele Repräsentanten des öffentlichen Lebens und insbesondere des Gesundheitswesens unserer Einladung zu der heutigen Veranstaltung gefolgt sind - dieses Zeichen der Verbundenheit ehrt uns sehr.

Ein wenig stolz sind wir darauf, daß wir in der Institutsarbeit bereits veritable Erfolge vorweisen können, obwohl sich das Institut im Grunde noch im Säuglingszustand, dabei allerdings entgegen den Regeln des BGB gerade nicht im Zustand der Geschäftsunfähigkeit befindet:

- Direktoren des Instituts sind beteiligt am Aufbaustudiengang „Gesundheitsmanagement“ der Akademie für Weiterbildung an den Universitäten Heidelberg und Mannheim, einem Studiengang, der sich mit ökonomischen und juristischen Schwerpunkten an Mediziner richtet und ihnen eine hochqualifizierte Weiterbildungsmöglichkeit bietet.

- Ein Drittmittelprojekt über die Europäische Akademie zur Erforschung von Folgen wissenschaftlich-technischer Entwicklungen Bad Neuenahr-Ahrweiler behandelt Fragen der Humangenetik wie z.B. das Grundrecht auf Kenntnis der eigenen genetischen Konstitution oder die Frage, ob genetische Diagnostik und Beratung zwingend der Ärzteschaft zuzuweisen ist.

- Unter dem Titel „Medizinische Versorgung in Zeiten knapper Kassen“ steht unsere öffentliche Vortragsreihe, in der hochkarätige Referenten aus philosophischer, ökonomischer, juristischer und medizinischer Sicht die Probleme der Ressourcenknappheit, der Verteilungsgerechtigkeit, der Rationierung und der Rationalisierung in unserem Gesundheitssystem untersuchen.

- Wir bieten den Jurastudenten der beiden beteiligten rechtswissenschaftlichen Fakultäten Heidelberg und Mannheim gemeinsame Seminare zum Medizin- und Gesundheitsrecht an.

- Ein ebenfalls bereits angelaufenes Projekt besteht darin, parallel zum kommenden Deutschen Juristentag eine Internationale Dokumentation zum Thema „Absicherung der Patientenautonomie am Ende des Lebens“ zu erstellen. Fachleute aus über 20 wichtigen Ländern werden zu diesem Thema Berichte erstatten, die dann in ein Gutachten für den Juristentag selbst Eingang finden werden.

- Und als ganz besonderes Highlight haben wir gemeinsam mit der Abteilung für Arzt- und Arzneimittelrecht der Universität Göttingen ein internationales Symposion in Göttingen durchgeführt, das sich mit dem weltweit wichtigsten Dokument ärztlicher Standesauffassung zur Forschung am Menschen, nämlich der sogenannten Deklaration von Helsinki, befaßt hat. Besonders stolz sind wir darauf, daß die Ergebnisse unseres Symposions die zur Zeit laufenden Beratungen des Weltärztebundes zur Revision der Deklaration von Helsinki maßgeblich beeinflußt haben - schon zwei Tage nach der Formulierung unserer Ergebnisse fanden sie Eingang in die Verhandlungen in Santiago de Chile.

- In Vorbereitung befindlich ist schließlich ein Forschungsprojekt zum „Recht auf Gesundheit“, das in Zusammenarbeit mit der Weltgesundheitsorganisation, dem UN-Hochkommissar für Menschenrechte und dem UN-Ausschuß für wirtschaftliche, soziale und kulturelle Rechte durchgeführt werden soll.

- Beinahe selbstverständlich ist, daß über derartige Großprojekte hinaus eine ganze Reihe weiterer Vorhaben von Habilitanden und Doktoranden durch die Institutsdirektoren betreut werden.

Aber lassen Sie mich noch einmal auf das Symposion zurückkommen, das wir gemeinsam mit der Abteilung für Arzt- und Arzneimittelrecht der Universität Göttingen durchgeführt haben. Diese Form der Kooperation ist nämlich Teil unseres Programms. Wir wollen die Zusammenarbeit mit anderen Institutionen suchen, wo immer es sinnvoll ist, wollen uns also gerade nicht abkapseln oder einigeln. Und da die Abteilung für Arzt- und Arzneimittelrecht der Universität Göttingen, insbesondere aufgrund der Tätigkeit der Herren Professoren Deutsch und Schreiber, zu den international ersten Adressen auf medizinrechtlichem Gebiet gehört, lag es nahe, gerade dort zum ersten Mal mit unserem Institut „Flagge" auf der internationalen Bühne zu zeigen. Allerdings gilt auch und vor allem auf wissenschaftlichem Gebiet, daß Konkurrenz das Geschäft belebt - und das betrifft auch alle anderen Kooperationspartner, mit denen wir themenbezogen zusammenarbeiten werden. Durch einen förmlichen Kooperationsvertrag bereits abgesichert ist insofern eine Zusammenarbeit mit dem Zentrum für Ethik in den Wissenschaften der Universität Tübingen, ein weiterer Kooperationsvertrag ist mit dem Zentrum für Ethik und Recht in der Medizin der Universität Freiburg geplant.

Meine Damen und Herren, ich hoffe, Ihnen den Eindruck vermittelt zu haben, daß unser Institut trotz seines geringen Alters bereits ein sehr strammes Bürschlein ist. Die Zusammenarbeit von 6 Direktoren aus zwei trotz aller Kooperation konkurrierenden juristischen Fakultäten wird sich nicht immer einfach gestalten. Wir bilden ein Sextett, werden aber nicht immer im Gleichklang sein - das ist für Juristen im Grunde selbstverständlich. Im übrigen will auch die räumliche Distanz zwischen unseren beiden Universitätsorten erst einmal überbrückt sein, und zwar in *beiden* Richtungen, denn wir wollen trotz räumlicher Unterbringung unseres Instituts in Mannheim an *beiden* Orten gleichberechtigt wirken. Ich bin aber zuversichtlich, daß die Einmaligkeit unseres Instituts in Deutschland,daß wir nämlich auf den medizinrechtlichen Sachverstand von Zivilrechtlern, Öffentlichrechtlern und Strafrechtlern aus zwei Fakultäten zurückgreifen können, bald das Markenzeichen der Arbeit unseres Instituts sein wird. Dankbar wären wir Ihnen, wenn wir dabei weiter mit Ihrer wohlwollenden Unterstützung rechnen dürften.

Ich darf Sie im Anschluß an den nun folgenden musikalischen Ausklang zu einem kleinen und, wie es sich für den Beginn einer Institutsarbeit gehört: bescheidenen Empfang in den Gartensaal einladen. Danken möchte ich zum Schluß den Mitarbeiterinnen und Mitarbeitern des Instituts und meines Lehrstuhls, die bei der Vorbereitung des Festakts – und natürlich bei der Gründung des Instituts – tatkräftig mitgewirkt haben. Dank sagen möchte ich aber ferner noch einmal Ihnen allen, daß Sie uns trotz vielfältiger anderweitiger Verpflichtungen und Termine durch die Teilnahme an der heutigen Veranstaltung die Ehre erweisen – und mir so lange zugehört haben. Herzlichen Dank.

Medizinische Versorgung in Zeiten knapper Kassen

Vortragsreihe im Sommersemester 1999

Gerechtigkeit und Bürgergleichheit im Gesundheitswesen des demokratischen Rechtsstaates*

Professor Dr. Hartmut Kliemt
Fachbereich 1 Philosophie, Religionswissenschaften, Gesellschaftswissenschaften, Fach: Philosophie
Gerhard-Mercator-Universität, Gesamthochschule Duisburg

Zusammenfassung: De lege ferenda verlangen weder Gerechtigkeit noch Effizienz die Einrichtung eines Systems öffentlicher Gesundheitsversorgung. Die herkömmlichen Begründungen für das öffentliche System zweckgebundener (regressiver) Steuern zur Finanzierung der deutschen Gesundheitsvorsorge sind daher unhaltbar. Allein die Bestandssicherung des Rechtsstaates selber kann die Erhebung von Zwangsbeiträgen legitimieren. Im Ergebnis führt eine derartige Begründung jedoch zu der Forderung nach einer langfristigen Restrukturierung des Gesundheitsversorgungssystems, die sich auf die Sicherung einer als gleiches Bürgerrecht gesicherten Grundversorgung im Akutbereich konzentriert.

Im folgenden möchte ich von einem gesundheitsethischen und -ökonomischen Standpunkt aus nach dem guten Sinn bestimmter gesundheitspolitischer und -rechtlicher Institutionen fragen. Das heißt, ich werde *nicht* de lege lata, sondern de lege ferenda argumentieren. Allerdings werde ich Anschluß an breit akzeptierte Rechtsprinzipien suchen. Das ist schon deshalb sinnvoll, weil wir es im Falle des Gesundheitswesens mit Fragen zu tun haben, die einen bevorzugten Anwendungsbereich der sogenannten angewandten oder praktischen Ethik bilden.

Die angewandte oder praktische Ethik unterscheidet sich von der theoretischen vor allem in zwei Hinsichten: Zum einen wird in der angewandten Ethik auf die konkreten orts- und zeitgebundenen Handlungsumstände besondere Aufmerk-

---

* Überaus hilfreiche Kritik von Susanne Hahn und die Förderung durch die DFG, kl 480-5/1, werden dankbar anerkannt.

samkeit verwandt. Zum anderen werden bestimmte Wertprinzipien, die durchaus weiterer theoretischer Begründung bedürftig sind, ohne weiteres vorausgesetzt. Da wir in der Bundesrepublik in einem Rechtsstaat leben, der sich verdientermaßen breiter Anerkennung erfreut, liegt es nahe, von Basisprinzipien der Rechtsstaatlichkeit auszugehen und diese auf den Bereich medizinischer Fragen anzuwenden. Allerdings werde ich aus, wie ich meine, guten systematischen Gründen den freiheitlichen Respekt vor dem Individuum etwas ernster nehmen, als es dem allgemeinen Solidaritätsgerede der Politik und dem Gerechtigkeitsgerede der philosophischen Ethik entspricht.

1. Gerechtigkeit als Zwangsgrund

Häufig werden ethische Fragen der Gesundheitsversorgung als Gerechtigkeitsprobleme betrachtet. Das ist nicht überraschend. Denn im Zuge allgemein weltbeglückender Absichten hat man es sich angewöhnt, ziemlich unterschiedslos jegliche Art von Zwangsbeiträgen zu öffentlichen Umverteilungssystemen zur „geschuldeten" Erfüllung von Gerechtigkeitspflichten umzudeuten. Die Anwendung staatlicher Zwangsgewalt zur Verfolgung der je eigenen ethischen Ziele wird dadurch anscheinend annehmbarer.

Bei näherer Betrachtung ist es allerdings alles andere als plausibel, daß uns die Gerechtigkeit verpflichtet, anderen in der Erhaltung ihres Lebens oder ihrer Gesundheit beizustehen. Solcher Beistand ist zwar in hohem Maße wünschens- und lobenswert, aber aus *Gerechtigkeitsgründen geschuldet* ist er gewiß nicht.

Das meiste, was sich heute selbst als Argument oder gar als „Theorie der Gerechtigkeit" deklariert, hat wenig mit Gerechtigkeit, sondern allenfalls mit erzwungener Wohltätigkeit zu tun. Lassen Sie mich das an konkreten Beispielen erläutern und dann auf Fragen der Gerechtigkeit im Gesundheitswesen anwenden.

1.1. Gerechtigkeit, Kinobesuch und Hungerhilfe

Mein Standardbeispiel ist das folgende: Wenn ich 100,-- DM übrig habe und damit meine Tochter ins Kino und anschließend zum Essen einlade, würde ich ihr dadurch sicherlich eine Freude bereiten. Wenn ich ihr entsprechende Handlungen zuvor nicht versprochen habe und sie auch sonst keinen Grund hat, diese von mir zu erwarten, so stehe ich allerdings unter keiner Pflicht, ihr diese Freude zu machen. Ich behandele sie keineswegs ungerecht, wenn ich sie *nicht* ins Kino und anschließend zum Essen führe.
Ich könnte die betreffenden 100,-- DM auch an eine Organisation stiften, die hungernden Kindern beispielsweise in Äthiopien hilft. Diese Hilfe würde äthio-

pischen Kindern nicht nur eine Freude machen, sondern ihnen unter Umständen überhaupt erst das weitere Überleben ermöglichen.

Die Spendenhilfe für äthiopische Kinder wäre in höchstem Maße moralisch wünschenswert. Dennoch handele ich nach allen plausiblen Verwendungsweisen des Gerechtigkeitsbegriffes keineswegs ungerecht, wenn ich die mir zur Verfügung stehenden 100,-- DM *nicht* für die Hungerhilfe für äthiopische Kinder zur Verfügung stelle. In den paradigmatischen Verwendungen des Begriffs der „Gerechtigkeit", nimmt man Bezug auf eine Verankerung der betreffenden Ansprüche in kontingenten Handlungen, Konventionen oder Institutionen. Nur diese und keineswegs irgendeine ethische Theorie als solche können im Vollsinne anspruchsbegründend wirken.

Es ist Unfug, wenn auch weitverbreiteter, eine Handlung x einfach deshalb für *ungerecht* zu erklären, weil sie den Forderungen einer ethischen Theorie y widerspricht. Von der Ungerechtigkeit der Handlung x kann man allenfalls dann sprechen, wenn die Theorie y in unseren Praktiken de facto ihren Ausdruck gefunden hat. In der Gerechtigkeit kommt es auf die Praxis und nicht auf die Theorie an.

Kurz: Nur Ansprüche die sich auf bestimmte Erwartungen, die in realen sozialen Bräuchen verankert sind, berufen können, können die volle moralische Überzeugungskraft von Forderungen der Gerechtigkeit besitzen. Entsprechendes gilt für die korrespondierenden Pflichten. Auch diese sind immer auf kontingente lebensweltliche Voraussetzungen angewiesen.

In der Begriffswelt des Juristen: Gerechtigkeit hat ihren Platz primär in Erwägungen de morale lata; de morale ferenda hat sie allenfalls sekundäre Anwendungsbereiche.

1.2. Gerechtigkeit gegenüber Sachsen und Äthiopiern

Verteilungspolitik geht uns im Gegensatz zur ethischen Theorie gerechter Verteilung konkret an und zwar an den Beutel. Lassen Sie mich deshalb einige zentrale Implikationen der vorangehenden Beispielsüberlegung an einem weiteren konkreten Beispiel aus unserer Erfahrungswelt als Beutelträger erläutern: der Wiedervereinigung.

Wir hätten die Sachsen vor der Wiedervereinigung nicht ungerecht behandelt, wenn wir unser Geld nach Äthiopien gesandt hätten. Deshalb wäre es auch im Zeitpunkt der Wiedervereinigung nicht ungerecht gewesen, wenn wir den Sachsen nicht hätten helfen wollen. Doch hätten wir auch die Äthiopier nicht ungerecht behandelt, wenn wir das Geld westdeutschem Brauche entsprechend auf Mallorca oder Teneriffa durchgebracht hätten.

Wie in dem zuvor besprochnen Kinobeispiel geht es auch im Falle der Hilfe für die neuen Bundesländer zwar um Güterverteilung und damit durchaus um moralische Fragen, nicht jedoch um Fragen der Gerechtigkeit, relativ zu bestehenden Praktiken. Wo wir den Begriff dennoch ohne Bezugnahme auf eine anspruchsbegründende Praxis verwenden, verfolgen wir im Regelfall persuasive Ziele. Wir erklären etwas zur Gerechtigkeitsfrage, weil wir andere nicht nur zur Hilfe auffordern, sondern für dazu verpflichtet erklären möchten.

1.3. Gerechtigkeit für Bayern

Es stellt sich allerdings die Frage, inwieweit nicht ähnliche Überlegungen auch innerhalb der alten Bundesländer Anwendung finden müssen. Denn auch praktisch alle Bayern sind mir gänzlich fremd. Der typische Bayer hat persönlich mit mir nichts zu tun und ich nichts mit ihm. Wie aber könnte ich ihn dann *ungerecht* behandeln, wenn ich ihm *nicht* helfe?

Mir scheint der fremde Bayer hat ebenso wenig einen Gerechtigkeitsanspruch auf meine Solidarität wie der fremde Äthiopier. Umgekehrt, wenn ich annähme, die Gerechtigkeit würde mich ohne voraufgehende Verpflichtungsakte oder verwandtschaftliche Nahbeziehungen verpflichten, einem mir gänzlich fremden Bayern zu helfen, dann muß ich auch annehmen, eine solche Gerechtigkeitspflicht gegenüber einem mir ebenso fremden Äthiopier zu haben.

Das letztere finde ich jedoch hinreichend absurd, um die Gerechtigkeit als primäre Begründung von Beistandspflichten in einer Großgesellschaft auszuschließen. Da auch kein Grund ersichtlich ist, warum medizinischer Beistand von diesem Argument nicht betroffen sein sollte, ist die Einrichtung eines öffentlichen solidarischen Gesundheitssystems keine Forderung der Gerechtigkeit.

Wenn die Gerechtigkeit als plausible Begründung für die Erzwingung von Hilfsleistungen ausscheidet, heißt das allerdings nicht, daß es nicht womöglich andere Gründe für die Erzwingung solcher Leistungen geben könnte - zumal dann, wenn es um Gesundheitsleistungen geht. Wiederum läßt sich jedoch am Beispiel der Wiedervereinigung aufzeigen, daß die gängigen und damals wie heute virulenten Begründungen für eine derartige Zwangsanwendung ziemlich abwegig sind.

2. Nicht-Gerechtigkeitsgründe

Persönlich sind mir praktisch alle Sachsen so fremd wie praktisch alle Äthiopier. Eine Hilfspflicht aufgrund persönlicher Verwandtschaft oder persönlicher Gemeinschaft mit den Sachsen scheidet daher aus. Selbst wenn wir jedoch einmal unplausiblerweise annehmen würden, daß eine Pflicht zum Beistand unter Menschen, die sich an sich gänzlich fern stehen, besteht, würde sich in keinem Falle eine *bevorzugte* Hilfspflicht gegenüber ausgerechnet den sächsischen Mitmenschen ergeben. (Im Vollzug der Wiedervereinigung sind womöglich ausdrücklich andere Versprechungen gemacht worden, die dann natürlich genau jene kontingenten Umstände bilden, die zu einer entsprechenden Bindung führen. Ich spreche hier jedoch von der Situation *vor* der Wiedervereinigung und darüber, ob es ungerecht gewesen wäre, solche Versprechungen nicht zu machen.)

Aus der Ablehnung einer Vorzugsbehandlung für Sachsen spricht nicht das rheinische Ressentiment gegen die Sachsen -mein rheinischer Vater pflegte zu sagen, nie wieder Krieg, es sei denn gegen Sachsen-, sondern die Einsicht, daß die reine Mitmenschlichkeit, wenn überhaupt, eher Hilfe gegenüber den am stärksten bedürftigen Mitmenschen verlangen würde. Verglichen aber mit der Bedürftigkeit etwa von Individuen in Äthiopien waren selbst die postsozialistischen Sachsen reiche Leute.

Nichts sprach zur Zeit der Wiedervereinigung deshalb dafür, aus reiner Mitmenschlichkeit bevorzugt Sachsen und nicht Äthiopiern zu helfen. Das glatte Gegenteil war der Fall.

Der kontingente Umstand gleicher Sprache und Kultur kann ebenfalls nicht die Berechtigung verleihen, andere zu Hilfsleistungen zu zwingen. Solche Gemeinsamkeiten können zwar die wechselseitige Sympathie und Verständigungsfähigkeit fördern. Sie verleihen jedoch plausiblerweise keine Lizenz zur Zwangsausübung in der Beitreibung von Solidarbeiträgen.

Lassen Sie mich, ohne in weitere Einzelheiten zu gehen, feststellen, daß alle Standarderwägungen zur Begründung einer weitreichenden Hilfspflicht der Bürger der alten gegenüber den Bürgern der neuen Bundesländer bei nüchterner Betrachtung inakzeptabel waren und sind. Wiederum läßt sich allerdings das, was aufgrund des Unterbruches der staatlichen Gemeinschaft im Verhältnis der westlichen zu den östlichen Bundesbürgern so plastisch hervortritt, auf das Verhältnis auch der westlichen Bürger untereinander übertragen.

3. Die Zumutbarkeit der Hilfeleistung im liberalen Rechtsstaat

Jedenfalls in einem liberalen Rechtsstaat, der seine Bürger gerade nicht als Glieder einer vorgängigen Gemeinschaft behandelt, ist eine originäre Beistandspflicht jedes Bürgers gegenüber jedem anderen nicht zu unterstellen. Nach der grundlegenden Vision der liberalen Klassiker ist das Recht eines *liberalen* Rechtsstaates nichts anderes als eine Fahrordnung für den Rechtsverkehr unter Menschen, die primär dazu autorisiert sind, ihre je eigenen Ziele zu verfolgen (zur Zumutbarkeit der Hilfeleistung im deutschen Rechtskontext vgl. grundsätzlich Frellesen 1980).

Jene, deren Ziel es de facto nicht ist, anderen in deren Zielerreichung beizustehen, sind im liberalen Rechtsstaat zunächst nicht legitim zur Hilfe zu zwingen. Denn die Hilfsunwilligen haben das Recht - wie alle anderen auch - ihre je eigenen Ziele zu verfolgen (vgl. grundlegend dazu natürlich Hayek 1971).

Vor diesem Hintergrund ist es kein Zufall, daß die angelsächsischen Länder, die über festere und ungebrochenere Traditionen liberaler Rechtsstaatlichkeit verfügen als wir, Gesetze, die die Unterlassung einer Hilfeleistung gegenüber einem Fremden unter Strafe stellen, nicht in gleicher Weise wie wir kennen. Diese komplexe Materie kann hier nicht annähernd angemessen behandelt werden. Den medizinethischen Implikationen der vorangehenden Überlegungen kann man aber auch so nachgehen und damit gleichsam die Ernte der bisherigen Überlegungen für den Hauptgegenstand meiner Diskussion einfahren.

4. Die medizinethische Moral von der Geschicht'

Eine originäre - oder vorrechtliche - moralische Gerechtigkeitspflicht, anderen Bürgern jenseits persönlicher Garantenpflichten medizinischen Beistand zu leisten bzw. ihnen zu diesem Beistand zu verhelfen, besteht für den einzelnen Bürger nicht. Wenn wir *vor* der Gründung von öffentlichen Institutionen der Gesundheitsfürsorge - also de lege ferenda - die Wahl hätten, zwischen einem Zustand mit öffentlicher Gesundheitsversorgung und einem Zustand ohne öffentliche Gesundheitsversorgung, dann wäre es *nicht* ungerecht, einen Zustand ohne öffentliche Gesundheitsversorgung zu wählen.

Was immer über die Sozialpflichtigkeit des Eigentums gesagt werden mag, der einzelne hat sich bei recht verstandener Auslegung des Konzeptes der Individualfreiheit nicht zur steten Verfügung der Allgemeinheit zu halten. Was immer uns die alleinseligmachende Politik einreden mag, nicht der einzelne muß im liberalen Rechtsstaat seinen Unwillen, zu helfen, begründen, sondern die Allgemeinheit muß begründen, warum sie dem einzelnen Hilfsbeiträge für andere unter Anwendung fundamentaler Zwangsgewalt abfordern darf. Uneigennützige Hilfe ist etwas großartiges, erzwungene Hilfe jedoch nicht.

Der Bereich der Medizin bildet bei alledem keine Ausnahme. Die medizinische Versorgung ist ein typisches privates Gut. Bei ausschließlich privater Krankenversorgung würde dieses Gut nach allem, was wir wissen, im Schnitt effektiver und in besserer Qualität angeboten werden als bei öffentlicher Bereitstellung in einem staatlichen Zwangssystem. (Man darf hier nicht den Zustand der Medizin in einer ärmeren mit dem der Medizin in einer reichen Gesellschaft vergleichen und einfach die Wirkungen des größeren Reichtums unterschiedlichen Versicherungsstrukturen, die damit korreliert auftreten mögen, gutschreiben.)

Allgemeines Vertragsversagen, das einen Anlaß dafür bieten könnte, die Versorgung mit medizinischen Gütern zu einer öffentlichen Angelegenheit zu machen, kann im Bereich der Krankenversorgung - einschließlich von deren Versicherungsaspekten - gerade nicht diagnostiziert werden. Medizinische Leistungen sind typische marktfähige Privatgüter, deren Erbringung an sich über private Versicherungen gesichert werden könnte.

Die Prinzipien individualistischer Rechtsstaatlichkeit und der damit einhergehende Vorrang der Grundfreiheiten, auf den wir uns in anderen Kontexten gern berufen, lassen die Erzwingung von Hilfe für Dritte überaus fragwürdig werden. Von daher spricht in einem liberalen Rechtsstaat zunächst wenig für ein öffentliches Zwangssystem der Gesundheitsvorsorge.

Das ist ein wichtiges und grundlegendes Ergebnis, das wir über allen unseren wohlmeinenden Intentionen im Gesundheitsbereich niemals vergessen dürfen. Eine tragfähige Begründung dafür, unsere Intentionen mit den Mitteln staatlicher Zwangsgewalt durchzusetzen, muß, sollte meine bisherige Argumentation zutreffen, auf anderen als den konventionellen ethischen Argumenten aufbauen. Wenn wir der Überzeugung sind, daß die medizinische Beistandsleistung etwas besonderes sei und daher auch im liberalen Rechtsstaat erzwungen werden darf, dann haben wir eine Beweislast, die nur mit anderen als den üblichen Argumenten erfüllt werden kann.

In der Tat glaube ich, daß man dieser Beweislast nachkommen kann, daß die daraus hervorgehenden institutionellen Vorschläge jedoch langfristig zu einem Gesundheitssystem führen würden, das sich von dem unseren in wesentlichen Aspekten unterscheiden würde.

5. Gesundheitssteuern und Versicherungen

In der öffentlichen Zwangskrankenversicherung finden sich die Bürger etwa ebenso freiwillig zusammen, wie sich die meisten Rheinländer mit den Sachsen in einem Staat zusammenfanden. In der öffentlichen Gesundheitsversorgung ist nämlich das Äquivalenzprinzip von risikogemäßem Beitrag und Leistungsanspruch verletzt. Man spricht zwar von einer Versicherung. De facto hat man es jedoch mit einer zweckgebundenen Steuer zu tun.

Dieser Etikettenschwindel ist bedenklich. Ähnlich wie etwa die philosophische Rede vom Gesellschaftsvertrag desensibilisiert er gegenüber der Anwendung fundamentaler Zwangsgewalt, anstatt uns vor ihr zu warnen.

Der jüngere gut verdienende kinderlose Angestellte zahlt typischerweise weit mehr für die Sicherung seiner Krankenversorgung als er auf dem privaten Versicherungsmarkt für eine vergleichbare Leistung entrichten müßte. Er zahlt für die Versorgung der kinderreichen, alten oder ärmeren Mitbürger mit und gewiß nicht aus reiner Menschenliebe.

Diese Sonderbelastung könnte man noch mit dem üblichen Argument von der Besteuerung nach der Leistungsfähigkeit rechtfertigen wollen. Doch aufgrund der Möglichkeit, jenseits bestimmter Einkommensgrenzen aus dem öffentlichen System der Gesundheitsvorsorge herauszuoptieren, ist das Prinzip fähigkeitsentsprechender Beitragsleistung in eklatanter Weise verletzt.

Ungeachtet der möglichen Berufung auf Verhältnismäßigkeitsgrundsätze, kann man sich eine wirklich überzeugende Rechtfertigung für die regressive Komponente unserer zweckgebundenen Gesundheitssteuer nur schwer vorstellen. Angesichts dessen mag man sich fragen, ob nicht eine ehrliche Finanzierung der öffentlichen Gesundheitsversorgung durch allgemeine Steuern rechtfertigungsfähig sein könnte. Dazu muß man, akzeptiert man die Grundprinzipien möglichster Zwangsvermeidung, die im liberalen Rechtsstaat leitend sein müssen, aufzeigen, inwieweit es sich bei der Gesundheitsversorgung um eine genuin öffentliche Aufgabe handeln kann.

6. Rechtsstaatskonforme Zwangsbegründung

6.1. Zwangsanwendung zur Zwangsabwendung

Eine rechtsstaatskonforme Rechtfertigung rechtlicher Zwangsanwendung bildet die Sicherung des Rechtsstaates selber. Insonderheit wenn er zur Sicherung der liberalen Grundfreiheiten erforderlich ist, hat Zwang zumindest eine gewisse prima facie Legitimation für sich.

Da die liberalen Freiheitsrechte als soziale Tatsachen nicht vom Himmel fallen, müssen wir für ihre Existenz und Durchsetzung etwas tun. Der liberale Rechtsstaat darf deshalb - legt man seine eigenen Wertmaßstäbe zugrunde - klarer Weise tun, was zu seiner Erhaltung minimal erforderlich und geeignet ist.

Bezogen auf die Gesundheitsvorsorge heißt das, daß jedenfalls jene ihrer Aspekte, die plausibel mit der Bestandswahrung des Rechtsstaates selber in Verbindung gebracht werden können, relativ selbstverständlich mit den Mitteln fundamentaler staatlicher Zwangsgewalt gestützt werden dürfen. So wie der Rechtsstaat etwa auf der Ebene der individuellen Abwehrrechte dann in die Rechte der einen eingreifen darf, wenn dies unerläßlich ist, um die Rechte anderer zu schützen, so darf der Rechtsstaat ohne illegitime Verletzung von Freiheitsrechten Gesundheitsleistungen zwangsfinanzieren, wenn dies zu seiner eigenen Bestandswahrung nötig ist. Das gilt jedenfalls für jeden, der die Wahrung der Rechtsstaatlichkeit selbst für ein bewahrenswertes Ziel hält und damit in dem hier vorausgesetzten praktisch ethischen Bezugsrahmen.

Aber ist die Finanzierung öffentlicher Gesundheitsleistungen geeignet und erforderlich, um den Bestand unserer Rechtsstaatlichkeit zu sichern?

6.2. Gesundheitsleistungen als Instrumente der Rechtsstaatssicherung

Da die Produktionstechnologie für rechtsstaatliche Rechte unklar ist, bleiben die entsprechenden Überlegungen stets etwas spekulativ. Es spricht jedoch einiges dafür, daß sich das Klima inter-individuellen Respektes, das das System liberaler Individualrechte im Rechtsstaat abstützen muß, nur schwer wird auf Dauer erhalten lassen, wenn Menschen „auf der Straße sterben".

Es ist schwer vorstellbar, daß wir in einer rechtlich am Primat des individuellen Lebens orientierten Gesellschaft Menschen an trivialen Erkrankungen wie etwa einer unbehandelten Blinddarmentzündung zugrundegehen lassen können und doch das rechtsstaatliche System individueller Abwehrrechte aufrechterhalten könnten.

Wir könnten es uns ohne Gefährdung des allgemeinen Klimas inter-individuellen Respektes ja auch nicht erlauben, in einem Bergwerk verschüttete Bergleute nach einer kurzen Kostenkalkulation ihrem Schicksal zu überlassen, weil uns die Rettung zu teuer schiene. Ebenso könnten wir wohl kaum konkret gefährdete individuelle Leben an Krankheiten versterben lassen, obschon eine Rettung zu tragbaren Kosten möglich wäre.

Symbolische Aspekte unseres Handelns sind politisch beachtlich und können moralpsychologisch nicht vernachlässigt werden. Moralpsychologisch ist es aber hochgradig plausibel, daß eine liberale Rechtsordnung auf Dauer nur schwer Bestand haben könnte, wenn Menschen, verbreitet zu Tode kämen, obwohl sie durch nicht allzu aufwendige Hilfsleistungen gerettet werden könnten.

Symbolisch relevante Todesfälle könnten allerdings womöglich auch durch private Wohltätigkeit vermieden werden. Insoweit ist mit dem vorangehenden Argument allein nicht gezeigt, daß ein staatlicher Zwangseingriff erforderlich ist. Hier muß man einen Schritt weitergehen und nachweisen, daß staatliche Garantien tatsächlich erforderlich wären.

6.3. Notwendigkeit staatlich garantierter Gesundheitsleistungen?

De lege lata würde unser Grundgesetz ohnehin eine Grundlage für die Begründung solcher Garantien bieten. De lege ferenda setzt eine über faktische statistische oder probabilistische Risikoreduktion hinausgehende staatliche Garantie überlebensrelevanter Leistungen voraus, daß wir bestimmte positive Teilhaberechte auf Gesundheitsleistungen den klassischen negativen Abwehrrechten gleichstellen. Aber sollten wir dies de lege ferenda tun? Oder sollten wir vielleicht sogar das GG ändern bzw. die Verfassungsrechtssprechung so „weiterentwickeln", daß eine Beschränkung der Verfassung auf den Schutz klassischer liberaler Bürgerrechte wieder zunehmend möglich wird?

Vermutlich reicht es nicht aus, würden im allgemeinen Menschen damit rechnen können, daß eine wohltätige Organisation ihre Gesundheitsversorgung gleichsam als Almosen sicherstellte. Symbolisch ist es vermutlich so, daß insoweit nicht nur eine voraussichtliche Versorgung, sondern eine Garantie der Versorgung gefordert ist. Mir scheint, daß sozialpsychologisch einiges dafür spricht, daß überlebenssichernde *Garantien* auf dem Gebiet grundlegender Akutversorgung in direkt lebens- und gesundheitsbedrohenden Situationen gegeben werden und deshalb aus allgemeinen Steuermitteln finanziert werden müssen. Die entsprechenden Teilhaberechte werden dann in unbedingten Ansprüchen staatlich garantiert und insoweit zu allgemeinen, gleichen Bürgerrechten.

In der Staatsphilosophie des klassischen Liberalismus erscheint eine derartige Gleichstellung als unzulässig, weil sie den in diesen Theorien gemachten prinzipiellen Unterschied zwischen Rechteschutz- und Wohlfahrtsstaat, zwischen „protective" und „productive state" verwischt (vgl. grundlegend dazu Buchanan 1985). Es stellt sich also die Frage, ob die Behandlung medizinischer Anspruchsrechte als gleicher Bürgerrechte nicht bereits einen fundamentalen Bruch mit liberalen Rechtsstaatsprinzipien darstellt.

6.4. Zulässigkeit von Gesundheitsteilhaberechten im liberalen Staat

Ein prinzipieller Unterschied zwischen sogenannten positiven Teilhaberechten und negativen Abwehrrechten besteht jedoch zumindest in einer wesentlichen Hinsicht nicht. Denn der Rechtsstaat garantiert die Durchsetzung der fundamentalen Abwehrrechte für jedermann unabhängig von der individuellen Zahlungsbereitschaft und -fähigkeit. Die Durchsetzung der fundamentalen Abwehrrechte durch einen mit Zwangssteuern finanzierten Rechtsstab ist ein umverteilender, möglicherweise durch Unveräußerlichkeitsbestimmungen noch zusätzlich regulierter Vorgang (vgl. ausführlicher dazu Kliemt 1993 und allgemein zu dem Versuch, das Gleichbehandlungsprinzip des Liberalismus wiederzubeleben Buchanan and Congleton 1998).

Kurz, jeder Rechteschutzstaat ist bereits ein minimaler Wohlfahrtsstaat. Sofern Abwehrrechte von einem aus Steuern zwangsfinanzierten Rechtsstab, gegenüber dem wir unsere Schutzansprüche unabhängig von leistungsabhängigen Zahlungen geltend machen, garantiert werden, handelt es sich insoweit um positive Teilhaberechte. Wenn das aber so ist, gibt es zumindest keine prinzipielle Schranke, die eine staatliche Garantie bestimmter Gesundheitsrechte ausschließen würde.

7. Der Umfang der Gesundheitsgarantien

Wenn wir davon ausgehen, daß es gewisse staatliche Garantien der Gesundheitsversorgung ohne Verletzung fundamentaler Rechtsstaatsprinzipien geben darf und aufgrund moral- und rechtspsychologischer Bedingungen auch geben muß, dann heißt das jedoch noch lange nicht, daß der Staat eine umfassende Gesundheitsversorgung garantieren darf oder sollte.

Wenn man akzeptiert, daß mit dem Übergang von der Anarchie zum Rechtsstaat alle öffentlich garantierten Rechte in gewisser Weise zu positiven durch umverteilende Zwangsteuern finanzierten Teilhaberechten werden, heißt das keineswegs, daß man jegliche Unterschiede zwischen den staatlich zu garantierenden Rechten zu leugnen hätte. Im Gegenteil ist es so, daß bestimmte staatlich zu garantierende Rechte den klassischen Grund- und Abwehrrechten näher stehen als andere Rechte, deren Schutz man ebenfalls ins Auge fassen könnte, ohne daß eine staatliche Garantie wirklich einsichtig zu machen wäre (vgl. allgemeiner zu meinen eigenen Auffassungen zu diesem Punkt in einem Humboldtschen Ansatz Kliemt 1995).

Mit Bezug auf das sogenannte „Recht auf Gesundheit“ muß man hier vor allem auf den Unterschied zwischen statistischen und konkreten Leben abheben. Klassische Abwehrrechte schützen typischerweise individuelle Sphären gegenüber konkreten Übergriffen, die in direkter Weise mit der Gefährdung konkreter individueller Interessen verbunden sind. Die konkrete, akute Gefährdung eines konkreten Lebens steht hierzu in enger Analogie. Die mögliche Beziehung zwischen staatlichen Garantien und Lebensrettung bzw. Interessenschutz ist in Fällen akuter Gefährdung konkreter Leben ähnlich direkt wie etwa im Falle der Gefährdung grundrechtlich garantierter Spielräume.

Die Lage ist jedoch eine ganz andere, wenn es um den Schutz statistischer Leben geht. Wenn wir beispielsweise im Bereich der Herz-Kreislauferkrankungen angiographische Vorsorgeuntersuchungen durchführen, Lipidsenker verabreichen oder auch mit einer sogenannten Ballondilatation präventiv intervenieren, dann geht es allein um statistische Gefährdungen und Risiken. Eine akute Gefahr für das konkrete Leben besteht regelmäßig nicht. Deshalb gehören diese Leistungen m.E. auch *nicht* in den Bereich der staatlich zu garantierenden Grundversorgung. Nimmt man an, daß die Gesunderhaltung der Bevölkerung als solche eine öffentliche Aufgabe ist, eine These, die mich doch sehr an völkisches Gedankengut erinnert, dann sind präventive Maßnahmen wie die zuvor beschriebenen unter dem Gesichtspunkt etwa der Maximierung des Erwartungswertes sogenannter QUALYs, qualitätsbereinigter statistischer Lebensjahre also, in weitem Umfang berechtigt. Betrachtet man diese Maßnahmen jedoch unter den von mir vorgeschlagenen rechtsstaatspsychologischen Aspekten, so erscheinen sie -- wiewohl medizinisch sinnvoll -- sämtlich als prinzipiell verzichtbar. Der Unterschied zwischen der zu garantierenden Grundversorgung und der der Eigeninitiative legitim zu überlassenden Zusatzversorgung ist *nicht* medizinisch, sondern nach den symbolischen und Rechtssicherungsaspekten zu treffen.

Das heißt nicht, daß die zuvor erwähnten medizinisch sinnvollen aber nicht zum rechtsstaatssichernden Pflichtenkatalog gehörigen Maßnahmen nun unter kurzatmigen politisch motivierten sogenannten Sparzwängen kurzerhand eingespart werden dürften. Das Gegenteil ist der Fall. Nachdem man der Bevölkerung mehr als eine Generation lang vorgegaukelt hat, daß für jedermann eine optimale medizinische Versorgung im öffentlichen Gesundheitssystem auf Dauer garantierbar ist, gebietet schon der Vertrauensschutz, daß die beschriebenen Maßnahmen noch mindestens eine weitere Generation im öffentlichen Versorgungskatalog bleiben. Hier gibt es in der Tat kontingente Erwartungen, deren Erfüllung ein Gebot der Gerechtigkeit ist.

Die Gerechtigkeit gebietet aber nicht, daß wir langfristig an der ohnehin zum Scheitern verurteilten Idee eines Rechtes auf Maximalversorgung festhalten. Es ist vielmehr überhaupt keine Frage der Gerechtigkeit, sondern eine rechtsstaatspolitischer Opportunität, ob wir unser jetziges medizinisches System in ein zweizügiges System mit politisch bestimmter steuerlich finanzierter Grundversorgung -in dem zuvor unter Bezug auf das Ziel der Bestandssicherung des Rechtsstaates bestimmten Sinne- und privater Zusatzversorgung allmählich transformieren wollen oder nicht. Absehbar ist allerdings, daß die Transformation des Gesundheitssystems nicht so rechtzeitig in Angriff genommen werden wird, daß sich die Bürger ohne Ungerechtigkeit darauf einstellen können.

Literatur

Buchanan, J. M. 1985. *Die Grenzen der Freiheit*. Tübingen: Mohr.

Buchanan, J. M. und R. Congleton 1998. *Politics by Principle, Not Interest: Towards Nondiscriminatory Democracy*. New York: Cambridge University Press.

Frellesen, P. 1980. *Die Zumutbarkeit der Hilfsleistung*. Frankfurt/M.: Alfred Metzner Verlag.

Hayek, F. A. v. 1971. *Die Verfassung der Freiheit*. Tübingen: Mohr.

Kliemt, H. 1993. On Justifying A Minimum Welfare State. *Constitutional Political Economy* 4(2): 159-172.

Kliemt, H. 1995. *Solidarität in Freiheit*. Freiburg und München: Karl Alber.

Prioritäten in der medizinischen Versorgung im System der Gesetzlichen Krankenversicherung (GKV): Müssen und können wir uns entscheiden?

Eine persönliche Vorbemerkung

Professor Dr. Dr. Hans-Heinrich Raspe
Institut für Sozialmedizin, Universitätsklinikum Lübeck

Die Zentrale Kommission zur Wahrung ethischer Grundsätze in der Medizin und ihren Grenzgebieten bei der Bundesärztekammer (ZEKO) hat auf ihrer Sitzung am 25.2.00 die nachfolgende Stellungnahme und ihre Erläuterung mit sehr deutlicher Mehrheit verabschiedet. Die ZEKO stellt darin Hintergründe, Konzept, Eckpunkte, Definitionen und Verfahren einer von ihr für notwendig gehaltenen Priorisierung medizinischer Leistungen im Rahmen unserer Gesetzlichen Krankenversicherung vor.

Ich war an der Erarbeitung der Stellungnahme beteiligt. Bei der Vorbereitung hatte mir auch ein Vortrag und eine Diskussion im Rahmen der Vorlesungsreihe „Medizinische Versorgung in Zeiten knapper Kassen" des IMBG geholfen. Der Vortrag behandelte das Thema „Priorisierung in der gesundheitlichen Versorgung: Die Rolle der Evidenz-basierten Medizin" (EBM).

In der Diskussion wurde von seiten mehrerer Juristen eine für mich ganz überraschende Frage gestellt: warum man denn so einen Aufwand mit der Priorisierung medizinischer (und weiterer gesundheitsbezogener) Leistungen treiben müsse. Seien Gesundheit und gesundheitsbezogene Leistungen etwa besondere Güter? Für die Verteilung von Wohnungen oder Lebensmitteln käme doch auch keiner auf die Idee einer womöglich noch gesellschaftlich zu konsentierenden Priorisierung!?

Diese Einreden haben bei mir eine Reihe von Überlegungen angestoßen; sie sind noch nicht abgeschlossen. Heute können schon die folgenden Hinweise gegeben werden:

1. Leben und Gesundheit sind ein ganz besonderes Gut. Die physische Existenz ist die Voraussetzung aller, eine erträgliche Gesundheit eine basale Voraus-

setzung sehr vieler menschlicher Lebensvollzüge, z.B. einer auskömmlichen Berufstätigkeit. Leben und Gesundheit sind deshalb durch die Verfassung und das Recht in besonderer Weise geschützt. Unter Verfassungsrechtlern scheint es umstritten zu sein, ob deutsche Bürger ein Recht auf Gesundheit haben. Soweit ein juristischer Laie dies beurteilen kann, scheint sich aus der Verfassung, besonders dem Sozialstaatsprinzip jedenfalls ein Recht auf die Versorgung mit allen aus medizinischer Sicht erforderlichen Leistungen ableiten zu lassen.

2. Eine treibende Kraft der Priorisierungsdiskussion ist die sich in vielen Ländern abzeichnende (relative!) Verknappung der gesellschaftlich, bei uns durch die Gesetzliche Krankenversicherung (GKV), bereitgestellten Mittel. Im internationalen Vergleich bewegen sich die Ausgaben unserer GKV für alle medizinischen Leistungen auf einem relativ hohen Niveau; dennoch sind faktische und immer neu drohende Defizite bei vielen Krankenkassen (besonders der Neuen Bundesländer) nicht zu leugnen. Manche Defizite lassen sich durch konzentrierte Rationalisierungsbemühungen sicher noch vermeiden. Dennoch werden die Finanzierungsschwierigkeiten aus vielen Gründen (s.u.) weiter zunehmen.

3. Priorisierung hat in dieser Situation keine andere Aufgabe, als die gerechte Verteilung knapper Mittel vorzubereiten und - jedenfalls gedanklich - auf diejenigen Gruppen und Personen zu konzentrieren, die ihrer am dringendsten und stärksten bedürfen. Damit läßt sich Priorisierung (zur Definition s.u.) als Merkmal einer rationalen Mangelverwaltung und Bedarfsdeckungswirtschaft charakterisieren.

4. Überraschend erschien die o.g. Frage vor allem deshalb, weil in ihr medizinische Leistungen unvermittelt mit Lebensmitteln und Wohnraum gleichgesetzt wurden. Weiteres Nachdenken zeigt aber, daß es dafür tatsächlich einen guten Grund gibt. Es ist durchaus möglich, die Bedeutung von Lebensmitteln und Wohnraum auf den gleichen Nenner wie den von medizinischen Leistungen zu bringen, d.h. aus ihrer Bedeutung für Leben und Gesundheit abzuleiten. Ohne Essen und Trinken ist Leben nicht, ohne Schutz gegen Hitze und Kälte ist Leben nur schwer möglich. Umgekehrt können verdorbene Lebensmittel und miserable Wohnverhältnisse ähnliche Gesundheitsgefahren beinhalten wie schlechte medizinische Leistungen.

5. Dennoch gibt es gewichtige Unterschiede:

   - Auch wenn man den Gütern Wohnung und Lebensmittel einen ähnlich hohen Wert wie den medizinischen Leistungen zumißt – ein ausgeprägter Mangel scheint seit mehreren Dekaden überwunden. Als er noch existierte (etwa in und nach dem Zweiten Weltkrieg) gab es im Zuge der damals unvermeidlich scheinenden Rationierungen durchaus eine Bevorzugung verschiedener Personenkreise (Familien, stillende Mütter, Kinder etc.) mit Wohnraum und/oder Lebensmitteln.

- Medizinische Leistungen weisen eine besondere problembezogene Vielfalt und Spezifität auf. Während es ausreichen mag, irgendein Dach über dem Kopf zu haben und sich irgendwie die benötigten Kalorien samt der wenigen essentiellen Nahrungsbestandteile einzuverleiben, kann man eine Operation nicht mit Medikamenten durchführen, ein diabetisches Koma nicht operativ angehen, eine lebensbedrohliche Lungenentzündung nicht mit Digitalis und eine Herzinsuffizienz nicht mit Antibiotika behandeln.
- Die Qualität von Lebensmitteln und Wohnraum können von uns schon als Kind in zuverlässiger Weise beurteilt werden. Die Konzept-, Struktur-, Prozess- und Ergebnisqualität medizinischer Leistungen erschließt sich vor allem dem „peer review", der Beurteilung von Fachleuten gleicher Spezialisierung.
  So etwas mag es im Spitzenbereich der Kochkunst und Architektur auch geben - aber eben nur dort, wo Essen, Trinken und Wohnen noch andere Funktionen erfüllt, als das pure Überleben zu sichern, wo es auch um leibliche Genüsse und die Darstellung sozialer Schichtung und Differenzierung geht, Funktionen, für die wir die Medizin selten in Anspruch nehmen.
- Fortschritte der Medizin wirken sich heute immer noch meßbar auf Morbiditäts- und Mortalitätsstatistiken aus. Sie dienen in erster Linie nicht der Erhöhung der allgemeinen „Fitness, Wellness, Beauty", wofür wir uns gerne mit besonderen Lebensmitteln und Wohnverhältnissen versehen.
- Wohnraum und Lebensmittel sind Güter, deren jeder täglich bedarf, deren er aber unter normalen Bedingungen auch habhaft werden kann. Nur in individuellen oder gesellschaftlichen Grenzfällen übersteigt ihre Bereitstellung den Etat einzelner Personen. Anders ist es mit medizinischen Leistungen. Sie werden nur von Kranken oder manifest Gefährdeten gebraucht und übersteigen dort, wo es ernst wird, fast regelmäßig die Finanzierungsmöglichkeiten auch begüterter Personen.
- Krankheit ist eine Lebensrisiko, für das wir aus diesem Grunde eine Sozialversicherung vorhalten - anders als für Lebensmittel und Wohnraum. Die Absicherung gesundheitlicher Risiken bedarf offenbar einer organisierten Solidargemeinschaft, sei es der Steuer- oder Beitragszahler - wenigstens in dem Sinne, daß Gesunde und Kranke in vergleichbarem Umfang einzahlen, obwohl die Leistungen vor allen den aktuell Kranken zugute kommen. Bei uns erfüllt die Solidargemeinschaft der GKV noch weitere Umverteilungsfunktionen: zwischen Jungen und Alten, Ärmeren und Reicheren, Alleinstehenden und Familien, Männern und Frauen. In der Bereitstellung von Lebensmitteln und Wohnraum gibt

der Bereitstellung von Lebensmitteln und Wohnraum gibt es keine vergleichbaren Vorkehrungen.

- Zur Krankenrolle gehört seit alters her, daß man sie so rasch wie möglich aus der Fremdhilfe löst, um zu dem selbständigen normalen Leben zurückzukehren, zu dem nun gerade die selbstgewählte Ernährung und die eigene Wohnung gehören.
- Die Nutzung von Lebensmitteln und Wohnraum stellt so gut wie keine Ansprüche; beides erfordert keinen besonderen intellektuellen, emotionalen oder verhaltensmäßigen Einsatz der sich Ernährenden bzw. Wohnenden. Anders ist es mit medizinischen Leistungen: sie erfordern nur in Grenzfällen keine aufwendigen Eigenaktivitäten der Kranken. Alle medizinischen Behandlungsziele wie die Heilung, Besserung und Linderung, Stabilisierung und Verlangsamung des Fortschreitens einer Krankheit sind nur unter der aktiven Beteiligung der Kranken möglich (Stichwort „Koproduktion").

6. Weil wir über unsere Gesundheit als Ergebnis einer „natural lottery" nur bedingt verfügen können und weil Krankheit und Tod sowohl prinzipiell unvermeidlich aber auch in ihrer Konkretion unvorhersehbar sind, weil Krankheit uns nicht nur gefährdet, sondern auch vielfältig unfrei und abhängig macht, und weil medizinische Leistungen ein zunehmend knappes, besonders komplexes, aufwendiges und anspruchsvolles „Lebensmittel" sind, stellen wir an ihre Verteilung besondere Gerechtigkeitsansprüche:

   Sie sollen jedermann in gleicher Weise zugänglich sein und bedarfsgerecht und gleichmäßig ausgegeben werden. Bei ihnen scheint es einen sehr viel geringeren Sicherheitsabstand zwischen dem essentiell notwendigen und dem bei uns verfügbaren zu geben als bei unseren Lebensmitteln und Wohnverhältnissen. Defizite und Qualitätsprobleme in der medizinischen Versorgung wirken sich sehr viel direkter aus. Andersherum wird der weitere Fortschritt in der Eß- und Wohnkultur vermutlich keine meßbaren Gesundheitseffekte mehr haben. Hier können wir uns ein breites Qualitätsspektrum erlauben. Für das Lebensnotwendige ist seit langem gesorgt.

Dies alles sind Gründe, warum wir die medizinische Grundversorgung anders ordnen müssen als den Verkauf von Lebensmitteln und Wohnraum. Wir können und wollen jene nicht individuellen Präferenzen überlassen. In der medizinischen Versorgung müssen wir fachlich informierte und gesellschaftliche zu verabredende Prioritäten setzen.

Prioritäten in der medizinischen Versorgung im System der Gesetzlichen Krankenversicherung (GKV): Müssen und können wir uns entscheiden?*

Stellungnahme und Erläuterungen

Zentrale Kommission zur Wahrung ethischer Grundsätze in der Medizin und ihren Grenzgebieten bei der Bundesärztekammer (Zentrale Ethikkommission)

Nur wenige medizinische Leistungen sind unersetzbar, nicht alle in gleichem Maße zweckmäßig, einige sind von geringem Nutzen, manche überflüssig oder sogar schädlich. Manche Gesundheitsprobleme können gänzlich der Eigenverantwortung überantwortet werden, andere legen eine Selbstbeteiligung der Betroffenen nahe, viele bedürfen solidarisch finanzierter Lösungen.

---

* Deutsches Ärzteblatt 2000 S. A 1017-A 1023.

Unterscheidungen wie diese stützen sich auf heterogene Argumente, teils ethischer und rechtlicher, teils empirischer Art. Sie ermöglichen es, verschiedenen medizinischen Leistungen unterschiedliche Prioritäten zuzuerkennen - unabhängig von den Wünschen und Präferenzen einzelner. Eine solche Priorisierung schafft eine wesentliche Voraussetzung, um die heute knapper werdenden Mittel möglichst effizient einzusetzen und Kernbereiche der medizinischen Versorgung vor einer undifferenzierten Rationierung zu schützen.

Der folgende Text wird nicht alle Wünsche befriedigen. Es sind andere sozialpolitische Grundpositionen bzw. Gewichtungen, tiefergehende ethische Reflexionen und eine höhere empirische Bestimmtheit denkbar. Sein Hauptziel ist es, auch in Deutschland eine öffentliche Diskussion anzustoßen.

Die noch vor uns liegende Erarbeitung gesellschaftlich akzeptabler Zuteilungskriterien und -maßstäbe setzt aber eine Vertrautheit mit aktuellen Problemen unserer medizinischen Versorgung, eine klare Terminologie, die Abwägung verschiedener ethischer, rechtlicher und politischer Optionen und eine genaue Analyse empirischer Sachverhalte voraus.

Stellungnahme und Erläuterungen

I. Stellungnahme

1. Gesundheitspolitik, Kostenträger, Ärzte, andere „Leistungserbringer" und Gesunde wie Kranke sind heute in zunehmender Strenge dem Wirtschaftlichkeitsgebot der gesetzlichen Krankenversicherung (GKV) und anderer Sozialversicherungszweige unterworfen. Ständig drohen die Leistungsausgaben die Beitragseinnahmen zu übersteigen, nicht immer ließen sich Defizite vermeiden.

Die Einnahmen der Sozialleistungsträger sind bei stagnierendem Arbeitsmarkt und rückläufiger Lohnquote kaum zu steigern, wenn man am Grundsatz der Stabilität der Sozialversicherungsbeiträge festhält und keine neuen Finanzierungsquellen erschließen will. Gleichzeitig weiten sich - mit unterschiedlicher Dynamik - Angebot, Nachfrage und Bedarf an medizinischen Leistungen aus. Die aktuelle Versorgung vor allem von chronisch Kranken ist bei insgesamt guter Qualität nicht frei von Mängeln. Neben Über- und Fehlversorgung ist besonders bei chronisch Kranken eine nennenswerte Unterversorgung festzustellen.

2. Leben und körperliche Unversehrtheit sind durch unsere Verfassung geschützt (Artikel 2 (2) GG). Gesundheit steht in Bevölkerungsumfragen immer an erster Stelle der Werthierarchie. Ein Recht auf „notwendige Maßnahmen zum Schutz, zur Erhaltung, zur Besserung und zur Wiederherstellung der Gesundheit und Leistungsfähigkeit" ist allen Sozialversicherten garantiert (§ 4 SGB I). Es ist auch in

verschiedenen Chartas von Patientenrechten enthalten. Eine weitere sozialrechtliche Norm (§ 70 SGB V) schreibt eine „bedarfsgerechte und gleichmäßige [...] Versorgung der Versicherten" vor.

3. In der Bundesrepublik wird immer öfter und offener über eine Begrenzung der durch die GKV bereitgestellten medizinischen Leistungen gesprochen. Rationierung ist gegeben, wenn aus medizinischer Sicht notwendige oder zweckmäßige medizinische Maßnahmen aus finanziellen Gründen offen oder verborgen vorenthalten werden.

Relativ wenige Leistungen der Medizin sind jedoch in einem strengen Sinne notwendig. Als notwendig - im Sinne der absoluten ärztlichen Indikation - können nur Leistungen gelten, die bei einer nicht-trivialen Gesundheitsstörung unentbehrlich sind, so daß sie - ohne Alternative - eine akzeptable Chance bieten, ein wesentliches Behandlungsziel zu erreichen. Andere sind mehr oder weniger zweckmäßig, also relativ indiziert. Für viele dieser zweckmäßigen Leistungen gibt es Alternativen, die kostengünstiger sind oder die GKV überhaupt nicht belasten. Manche Leistungen sind in ihrer Wirksamkeit umstritten, erwiesenermaßen unwirksam oder sogar schädlich.

Die hier gegebene enge Definition notwendiger medizinischer Leistungen bedarf weiterer Präzisierungen; sie scheint jedoch geeignet, den inkonsistenten und unbestimmten sozialrechtlichen und politischen Gebrauch des Begriffes „medizinisch" zu präzisieren.

4. Sofern eine Rationierung bei uns unvermeidlich ist, ist es ethisch geboten, sie in der Peripherie des weniger Zweckmäßigen zu beginnen, um die Bereiche der sehr zweckmäßigen und vor allem der absolut notwendigen Leistungen so lange wie möglich zu schützen. Damit wird jeder Rationierung eine Diskussion und Feststellung von Prioritäten - gedanklich und zeitlich - vorausgehen müssen.

5. Wir verstehen unter Priorisierung die ausdrückliche Feststellung einer Vorrangigkeit bestimmter Indikationen, Patientengruppen oder Verfahren vor anderen. Priorisierung ist nicht mit Rationierung, dem faktischen Vorenthalten notwendiger oder zweckmäßiger Leistungen zu identifizieren, sie kann und sollte dieser vielmehr vorausgehen.

6. Die Zentrale Ethikkommission will mit dieser Stellungnahme und ihren Erläuterungen in Deutschland eine über die Fachöffentlichkeit hinausreichende Diskussion befördern. Eine offene Diskussion über Priorisierung scheint ihr fruchtbarer als eine sich möglicherweise still vollziehende Rationierung unter verborgenen oder unklaren Prioritäten.

7. International ist in der letzten Dekade deutlich geworden, daß die Erarbeitung, Feststellung und Umsetzung von Versorgungsprioritäten ein komplexer, anspruchsvoller, zeitaufwendiger und konfliktreicher Vorgang ist. Er könnte durch die Berücksichtigung prinzipieller inhaltlicher und methodischer Hinweise erleichtert werden:

- Frühzeitig sollte die Klärung ethischer, (sozial)rechtlicher und (sozial)politischer Grundpositionen angestrebt werden. Unterschiedliche Positionen führen zu unterschiedlichen Verfahren und Ergebnissen.

- Die Diskussion bedarf einer genauen epidemiologischen bzw. gesundheitswissenschaftlichen Analyse der Morbidität, Mortalität und Versorgungswirklichkeit. Dabei sind qualitative und quantitative Merkmale der Krankheitslast herauszuarbeiten und in Beziehung zu setzen zu den Möglichkeiten ihrer Prävention, Heilung und Linderung - unter Berücksichtigung aller direkten, indirekten und weiteren Kosten sowie ihrer für die GKV kostengünstigen oder sogar kostenlosen Alternativen. Hier besteht eine Beziehung zwischen Priorisierung und den Konzepten und Methoden der Evidenz-basierten Medizin/gesundheitlichen Versorgung.

- Prioritäten sind bedarfsbezogen zu entwickeln. Medizinischer Versorgungsbedarf ist nicht zu verwechseln mit der jeweils aktuellen Versorgung, ihrer Nachfrage oder ihrem Angebot. Bedarf ist dort gegeben, wo beides, eine aktuelle oder drohende gesundheitliche Einschränkung und ein verfügbares präventives oder therapeutisches Verfahren vorliegen. Es muß die Chance bieten, ein als relevant akzeptiertes Ziel zu erreichen. Bedarf setzt - im Kontext der GKV - ein Nutzenpotential ("ability to benefit") für die Kranken und Gefährdeten voraus.

- Prioritäten können nur multi- und interdisziplinär erarbeitet werden. Der klinischen Expertise von Ärzten und anderen Therapeuten ist ausreichend Raum zu geben, ohne dabei auf den Sachverstand aus den Bereichen Ethik, Recht, klinische und bevölkerungsbezogene Epidemiologie und Gesundheitsökonomie zu verzichten.

- Solche Vorschläge bedürfen einer weiteren fachlichen, besonders aber einer öffentlichen Diskussion, unter Beteiligung aller betroffenen Gruppen (bzw. deren Repräsentanten). Hierfür sind besondere Verfahren zu entwickeln. Die durch Priorisierung erzwungene Bedarfsnormierung bedarf des Konsenses und der demokratischen Legitimation besonders dort, wo sie individuelle Präferenzen in größerem Umfang begrenzt oder ersetzt.

- Priorisierung setzt abgrenzbare Adressaten voraus. In Deutschland handelt es sich - neben politischen Instanzen (z.B. Bundesministerium für Gesundheit,

Parlamente) - typischerweise um Institutionen der (z.T. gemeinsamen) Selbstverwaltung (wie Bundesausschuß Ärzte und Krankenkassen, Kassenärztliche Vereinigungen, Krankenkassen, Rentenversicherungsträger). Sie verfügen in aller Regel über eine sozialrechtlich normierte Strukturverantwortung (manifestiert u.a. in Sicherstellungsaufträgen, Entscheidungsmacht, Kostenträgerschaft) und das Recht wie die Pflicht, einmal festgestellte Prioritäten umzusetzen.

- Prioritäten können sich rasch verändern; sie sind deshalb in periodischen Abständen zu überprüfen. Grundsätzlich sollte ein Verfahren mit Widerspruchsmöglichkeiten für betroffene Gruppen und Einzelpersonen vorgesehen werden. Die therapeutische Freiheit des Arztes ist ebenso zu berücksichtigen wie die Entscheidungsfreiheit des Kranken.

- Im amerikanischen Bundesstaat Oregon wurden alle möglichen präventiven, therapeutischen und rehabilitativen Leistungen in eine einzige Rangreihe gebracht. Um die Diskussion in Deutschland konkret werden zu lassen, könnte sie sich anfangs und beispielhaft auf wenige Versorgungs- und Indikationsbereiche mit übersichtlichen Verantwortlichkeiten konzentrieren, bei deren Auswahl sichergestellt sein muß, dass damit keine Vorentscheidung der Priorisierung der Gesamtheit medizinischer Leistungen getroffen wird.

II. Erläuterungen

1. Die Krise der medizinischen Versorgung

Die medizinische Versorgung in der Bundesrepublik Deutschland ist, wie in vielen Ländern, in einer schwierigen Lage. Richard Smith, der Herausgeber des British Medical Journal, hat sie durch eine „breiter werdende Kluft zwischen dem" charakterisiert, „was bei uneingeschränkten Ressourcen möglich wäre, und dem, was man sich tatsächlich leisten kann"[1]. Andere unserer gesellschaftlichen Subsysteme, u.a. Bildung und Erziehung, Innere Sicherheit, Verkehrswesen, sind von vergleichbaren Entwicklungen betroffen. Im Gesundheitsbereich sind drei Faktoren wichtig:

1. In vielen Ländern werden die für das öffentlich finanzierte Gesundheitssystem durch Zwangsbeiträge oder Steuern aufgebrachten Mittel reduziert und/oder in ihrem Wachstum begrenzt - auch in Hinblick auf alternative Verwendungen. Einseitig wird von einer „Kostenexplosion im Gesundheitswesen" gespro-

---

[1] Smith R: Plädoyer für eine offene Rationierungsdebatte. Dt Ärztebl 1998; 95: 1753-1756

chen[2]. Es laufen jedoch weniger die Ausgaben aus dem Ruder; maßgebend sind vielmehr (relative) Einnahmedefizite: Sie ergeben sich in Deutschland aus der Anbindung wichtiger Sozialversicherungsbeiträge an die Arbeitsentgelte. Da die Beiträge zur Kranken- und Rentenversicherung nach allen politischen Vorgaben und sozialrechtlichen Normen nicht weiter steigen sollen (§ 71 SGB V), müssen Kostenträger und „Leistungserbringer" zunehmend mit knappen und unelastischen Budgets rechnen.

2. Gleichzeitig weiten sich - mit unterschiedlicher Dynamik - Angebot, Ansprüche und Nachfrage sowie der Bedarf an medizinischen Leistungen aus. Für die Bedarfsausweitung werden verschiedene Faktoren verantwortlich gemacht: die demographische Entwicklung („Alterung") der Bevölkerung, die Zunahme chronischer Krankheiten und Residuen, der sich weiter beschleunigende medizinisch-technologische Fortschritt sowie wachsende Ansprüche an solidarisch finanzierte Gesundheitsleistungen.

3. Auch wenn die Qualität der medizinischen Versorgung unserer Bevölkerung im Durchschnitt und auch im europäischen Vergleich gut bis sehr gut ist: epidemiologische Untersuchungen zeigen weiter regionale Versorgungsungleichmäßigkeiten. Besonders bei chronisch Kranken (z.B. mit Diabetes mellitus, koronarer Herzerkrankung, Hypertonie, entzündlich-rheumatischen Erkrankungen, Demenzen, Psychosen oder Somatisierungsstörungen) existieren Unter-, Über- und Fehlversorgung nebeneinander.

   Die Unterversorgung/Unterinanspruchnahme (z.B. aller Vorsorgeuntersuchungen) scheint quantitativ zu überwiegen. Würde man diese Defizite ausgleichen wollen, dürfte dies erhebliche zusätzliche Mittel erfordern.

Ein aktuelles Beispiel gibt der Bereich der medizinischen Rehabilitation durch die Gesetzliche Rentenversicherung nach dem sog. Wachstums- und Beschäftigungsförderungsgesetz von September 1996: Es führte die Gesamtausgaben zurück, fixierte sie und begrenzte sie in ihrem weiteren Wachstum; zudem erhöhte es (u.a. durch erhöhte Zuzahlungen) die Schwelle zur Antragstellung - im Gegensatz einerseits zum wachsenden rehabilitativen Bedarf und andererseits zur wohlbekannten rehabilitativen Unterversorgung verschiedener Gruppen chronisch Kranker und Behinderter. Auch wenn im bzw. für das System weitere Wirtschaftlichkeitsreserven aktiviert würden und zusätzliche Finanzierungsquellen erschlossen werden könnten - sie dürften kaum ausreichen, gleichzeitig den wachsenden Bedarf und die existierenden Versorgungsdefizite zu finanzieren.

---

[2] Braun B, Kühn H, Reiners H: Das Märchen von der Kostenexplosion. Frankfurt, Fischer 1998

Durch die o.g. Entwicklung werden nicht nur die Erlöserwartungen der „Leistungserbringer" begrenzt, sondern auch die neuerdings in den Vordergrund gestellte Funktion des Gesundheitssektors als Wachstums- und Zukunftsbranche[3]. So fassen manche eine Zweiteilung der medizinischen Versorgung ins Auge: der solidarisch finanzierte Sektor, der das „medizinisch Notwendige" abzudecken habe, soll durch einen Leistungsbereich ergänzt werden, der der „Eigenverantwortung" (d.h. hier der Selbstfinanzierung oder privaten Versicherung) zu überantworten sei. Zu diesem sollen zuerst Leistungen von geringer oder unsicherer Wirksamkeit, zur Förderung der subjektiven Sicherheit bzw. „fitness/wellness/beauty" und zur Abdeckung selbstgewählter Gesundheitsrisiken (z.B. Fernreisen, Sportarten) gehören - Leistungen, deren private Finanzierung zumutbar erscheint. In diesem Sinne haben die Kassenärztliche Bundesvereinigung und ärztliche Berufsverbände ärztlich empfehlenswerte oder noch vertretbare „individuelle Gesundheitsleistungen" (IGEL) definiert. Die Liste enthält aber auch eine Leistung, die in anderen Gesundheitssystemen aus solidarischer Finanzierung bereitgestellt und bei uns in Modellversuchen erprobt wird („Mammographie zur Früherkennung des Mammakarzinoms bei Frauen ohne relevante Risikofaktoren"). Damit scheint sich eine Zweiteilung der Versorgung, ja jeden Arztes abzuzeichnen: hier innerhalb des vertragsärztlichen Rahmens strenge Rationalität und Wirtschaftlichkeit, dort Anbieter-Kunden-Beziehungen, wie wir sie bisher nur von Waren- und Dienstleistungsmärkten her kennen, auf denen Wirtschaftlichkeit und Qualität durch andere Mechanismen eingefordert werden. Es ist nicht auszuschließen, daß diese Entwicklung die mangelnde Bedarfsgerechtigkeit und Ungleichmäßigkeit der Versorgung weiter verstärkt[4].

2. Rationierung - ohne Priorisierung?

In dieser Situation wird auch bei uns verhalten, aber immer deutlicher über eine Rationierung in der Medizin gesprochen[5]; [6]; [7]; [8]. Dabei wird unter Rationierung

---

3 Sachverständigenrat für die Konzertierte Aktion im Gesundheitswesen: Gesundheitswesen in Deutschland. Kostenfaktor und Zukunftsbranche. Sondergutachten 1997. Baden-Baden, Nomos 1997/98

4 Höffe O: Besonnenheit und Gerechtigkeit: Zur Ressourcenknappheit im Gesundheitswesen. in: Schlicht (Hrsg.): Gesundheit für alle. Fiktion oder Realität. Hofmann-Verlag, Schattauer 1999
Höffe O: Besonnenheit, Gerechtigkeit und Zivilcourage. ZEE 2000 (im Druck)

5 Ribhegge H: Rationierung und kollektive Entscheidungen im Bereich des Gesundheitswesens. Veröffentlichungsreihe des Berliner Zentrums Public Health, 1997

6 Feuerstein G, Kuhlmann E (Hrsg:): Rationierung im Gesundheitswesen. Wiesbaden, Ullstein medical 1998

7 Nagel E, Fuchs C (Hrsg.): Rationalisierung und Rationierung im deutschen Gesundheitswesen. Stuttgart, Thieme 1998

die Verweigerung von „an sich notwendigen"[9] bzw. „gesundheitlich notwendigen" (7), gesellschaftlich verfügbaren und aus Patientensicht akzeptablen Leistungen aus Gründen der Mittelknappheit verstanden. Gesamtgesellschaftlich führte dies zu dem Befund, daß „die von der Solidargemeinschaft abgedeckten Leistungen unter dem Niveau des anerkannt medizinisch Notwendigen" lägen (7).

In Großbritannien ist die Diskussion weiter vorangeschritten. Hier ist offen von „our certain fate: rationing in health care" die Rede[10], auch unter Bezug auf konkrete Fälle[11].

Relativ wenige Leistungen der Medizin sind jedoch in einem streng kausalanalytischen Sinne notwendig, aus ärztlicher Sicht also „absolut indiziert". Zu dieser Gruppe gehören nur solche, ohne die ein wesentliches Behandlungsziel im Falle einer nicht-geringfügigen Gesundheitsstörung in keinem Fall erreicht werden könnte, die also ohne Alternative sind. Weitaus größer ist in der Medizin der (im SGB V §§ 12, 70 gemeinte) Bereich des mehr oder weniger Zweckmäßigen, des aus ärztlicher Sicht also relativ Indizierten.

Zweckmäßig ist eine Leistung, wenn sie eine ausreichende Chance bietet, ein als wichtig anerkanntes Behandlungsziel tatsächlich zu erreichen. Zweckmäßigkeit (in § 135 SGB V ist auch von Nutzen die Rede) ist mehr als Wirksamkeit. Es geht nicht um irgendeine, z.B. biologisch nachweisbare, Wirkung, sondern um die Annäherung an relevante Behandlungsziele. Zweckmäßige Leistungen haben per definitionem Alternativen, u.a. solche, die vergleichsweise kostengünstig oder - bei entsprechenden Eigenleistungen der Betroffenen - für die GKV sogar kostenlos sein können. Schließlich: Zweckmäßigkeit variiert in einem weiten Bereich, je nach Relevanz der Gesundheitsstörung, des Therapieziels und des zu erwartenden therapeutischen Effekts.

Sollte eine Rationierung i.o.g.S. unvermeidlich werden, dann ist es ethisch geboten, sie in der Peripherie des Zweckmäßigen ansetzen zu lassen, nicht im Bereich der absolut notwendigen medizinischen Leistungen. Ist dies richtig, dann wird jeder Rationierung eine Diskussion und Feststellung von Prioritäten vorausgehen müssen.

---

8 Moormann T: Rationierung im deutschen Gesundheitswesen? Entwicklung, Status quo und Perspektiven. Stuttgart, Thieme 1999

9 Fuchs C: Was heißt Rationierung im Gesundheitswesen? Unveröffentlichtes Vortragsmanuskript für das 34. Sozialmedizinische Kolloquium, Institut für Sozialmedizin der MUL, 1998

10 Maynard A, Bloor K: Our certain fate: Rationing in health care. London, Office of Health Economics 1998

11 Ham C, Pickard S: Tragic choices in health care. London: King's Fund Publishing 1998

3. Priorisierung: eine allgemeine Definition

In der medizinischen Versorgung versteht man unter Priorisierung die ausdrückliche Feststellung einer Vorrangigkeit bestimmter Indikationen, Patientengruppen oder Verfahren vor anderen. Ihr Gegenteil wird mit Posteriorisierung bezeichnet. In der Regel beinhaltet Priorisierung die Feststellung einer mehrstufigen Rangreihe. An deren oberen Ende steht das, was nach Datenlage und öffentlichem Konsensus höchste Priorität hat, also als absolut unverzichtbar erscheint. Nach unten zu nimmt die Bedeutung ab; am Ende der Rangreihe stehen geringfügige oder selbstheilende Gesundheitsstörungen bzw. Verfahren, die umstritten sind oder keinen nachweisbaren Nutzen oder mehr Schaden als Nutzen stiften, also teils überflüssig, teils unzweckmäßig sind.

Dabei soll sich die angesprochene gesundheitliche bzw. medizinische Versorgung auf Gruppen von Gesundheitsgefährdeten, Kranken oder Patienten beziehen; der Begriff „Verfahren" auf abgrenzbare technische Leistungen zwischen präventiven Angeboten/Programmen und der palliativen Behandlung Todkranker, ausdrücklich nicht auf Aspekte der Begegnung oder des Umgangs zwischen Kranken und klinisch Tätigen. Humanität im Sinne von § 70 SGB V ist nicht posteriorisierbar.

4. Drei zusätzliche Klärungen

4.1 International gesehen, ist Priorisierung kein neues Thema[12]; [13]: Im US-Staat Oregon[14], in den Niederlanden[15], in Schweden[16], Großbritannien[17], Dänemark[18], Neuseeland[19] und Israel[20] hat diese Diskussion eine teils mehr als zehnjährige Geschichte. Zunehmend wird ihre supranationale, z.B. europäische Dimension

---

12 Ham C: Setting priorities for health care: Why government should take the lead. Belfast, Northern Ireland Economic Development Office 1998

13 Coulter A, Ham C (eds): The global challenge of health care rationing. Buckingham, Philadelphia, Open University Press 2000

14 Kitzhaber JA: Prioritising health services in an era of limits: the Oregon experience. In: BMJ Publishing Group (eds.): Rationing in action. Plymouth, BMJ 1993; 35-48

15 Scheerder RLJM: Dutch choices in health care. In BMJ Publishing Group (ed.): Rationing in action. Plymouth, BMJ 1993; 49-58

16 Swedish Parliamentary Priorities Commission: Priorities in Health Care. The Ministry of Health and Social Affairs, Stockholm Offsetcentral 1995

17 Royal College of Physicians of London: Setting priorities in the NHS. London 1995 (new: 1997)

18 Danish Council of Ethics: 9th Annual Report. Kopenhagen 1997

19 Hadorn DC, Holmes AC: The New Zealand priority criteria project. Part I: Overview. BMJ 1997; 314: 131-134

20 Chinitz D, Shalev C, Galai N, Israeli A: Israel's basic basket of health services: the importance of being explicitly implicit. BMJ 1998; 317: 1005-1007

bewußt[21]. 1996 fand die erste internationale Konferenz zu „Priorities in Health Care" in Stockholm statt, 1998 die zweite in London, beide annähernd ohne deutsche Beteiligung. Der erste nationale Workshop wurde im Dezember 1998 in der Evangelischen Akademie Loccum durchgeführt, in englischer Sprache ("Allocation and Priority Setting in Health Care"). Allerdings hatte sich schon der Sachverständigenrat für die Konzertierte Aktion im Gesundheitswesen 1995 (31: S. 47ff) mit dem Thema beschäftigt.

4.2 In Oregon (einem US-Staat mit weniger als 3 Millionen Einwohnern) ist der Versuch gewagt worden[22], rund 700 präventive, therapeutische oder rehabilitative Verfahren in eine einzige Rangreihe zu bringen. Angeführt wird sie von Verfahren, die akute lebensbedrohliche Krankheiten heilen können. Ein vergleichbares Unternehmen erscheint für Deutschland zu komplex, aufwendig und konfliktreich. Um in unserem Land rasch zu einer fruchtbaren und konkreten Diskussion zu kommen, wäre die Konzentration auf ausgewählte Versorgungssektoren und Indikationsbereiche von herausgehobener klinischer, epidemiologischer und/oder ökonomischer Bedeutung zu erwägen. Erleichternd wären übersichtliche Verantwortlichkeiten, wie sie z.B. im Bereich der Rehabilitation durch die Renten- oder Unfallversicherung vorliegen. Hier sind Sicherstellungsauftrag, Struktur- und Finanzierungsverantwortung in einer Hand. So könnte man etwa mit rehabilitativen Leistungen in der Kardiologie oder Orthopädie/Rheumatologie beginnen. Denkbar ist es aber auch, exemplarisch Leistungen der Transplantationsmedizin oder der primärärztlichen Prävention zu priorisieren.

4.3 Prioritäten sind veränderlich. Einmal gebildete Rangreihen tragen ihr Verfallsdatum mit sich. Zu rasch kann sich das Krankheitspanorama verändern, zu rasch die Evidenz für oder gegen eingeführte Leistungen, zu rasch können neues Wissen oder neue Verfahren zu veränderten oder neuen Indikationen führen. Andererseits ist Priorisierung ein relativ langsamer Vorgang. Sie darf nicht zu einem Fortschrittshemmnis werden. Es ist dafür Sorge zu tragen, daß diagnostische, prognostische, therapeutische etc. Fortschritte rasch auf ihre Effektivität und Effizienz hin geprüft werden können - am besten in kontrollierten Studien und innerhalb eines ausreichend finanzierten Bereiches klinisch-evaluativer und Versorgungs-Forschung[23]. Dies schützte auch gegen eine unkontrollierte Einführung und Verbreitung neuer Verfahren und die heute zu beobachtende Lancierung von Prioritäten sozusagen durch die Hintertür.

---

[21] Weil O, McKee M: Setting priorities for health in Europe. European J Public Health 1998; 8: 256-258

[22] Bodenheimer T: The Oregon Health Plan – Lessons for the Nation. Part I. N Engl J Med 1997; 337: 651-655
Bodenheimer T: The Oregon Health Plan – Lessons for the Nation. Part II. N Engl J Med 1997; 337: 720-723

[23] Hiatt H, Goldman L: Making medicine more scientific. Nature 1994; 371: 100

5. Aktuelle Notwendigkeit

Priorisierung versucht die Lösung der oben skizzierten charakteristischen Problemlage: Einerseits werden Global- oder Teilbudgets für die gesundheitliche Versorgung der Bevölkerung in vielen Ländern eingefroren oder sogar gekürzt - jedenfalls sollen sie (bei uns im Rahmen der GKV) in Zukunft nicht stärker wachsen als die Grundlohnsumme. Andererseits erhöhen sich die Ansprüche an das Gesundheitssystem. Schließlich sind die Unter- und Ungleichversorgung von akut, v.a. aber chronisch Kranken nicht zu übersehen. Daneben entsteht auch bei uns ein Markt für („individuelle") Gesundheitsleistungen mit erheblichen Beschäftigungseffekten und Wachstumstendenzen und mit unsicheren Abgrenzungen gegen solidarisch zu finanzierende Leistungen. Ungesteuert droht eine Verletzung zentraler ethischer Werte und sozialrechtlicher Normen, vor allem der einer solidarisch finanzierten und in doppelter Hinsicht gerechten, d.h. „bedarfsgerechte(n) und gleichmäßige(n)" Versorgung der Versicherten (§ 70 SGB V).

Versuche zur Priorisierung medizinischer Leistungen folgen einer einfachen Logik: Wenn sich die Ressourcen für das Gesundheitswesen bei teils ungedecktem, teils wachsendem Bedarf relativ verknappen, dann müssen die vorhandenen Mittel auf das Wesentliche, eben auf das als prioritär Festgestellte, konzentriert werden. Andernfalls wird man die bisher gültigen Werte und rechtlichen Normen fallenlassen, jedenfalls ändern müssen. An Hinweisen hierzu fehlt es nicht[24], [25].

6. Voraussetzungen und Rahmenbedingungen von Priorisierung

6.1 Auf einem freien Markt gibt es keine kollektiven Prioritäten, sondern allein individuelle Präferenzen. Priorisierung setzt eine Solidargemeinschaft und einen Bereich solidarisch finanzierter Leistungen voraus. Dabei spielt es eine untergeordnete Rolle, ob die solidarische Finanzierung über Steuern oder, wie bei uns, durch Zwangsbeiträge erfolgt: die zur Verfügung stehenden Budgets sind begrenzt und in ihren Umfängen und Zuflüssen nicht beliebig erhöhbar. Unter solchen Bedingungen sind die Interessen einzelner mit denen anderer Versicherter und der gesamten Solidargemeinschaft in Einklang zu bringen.

6.2 Prioritäten müssen schrittweise - in einem durchsichtigen Verfahren - erarbeitet werden. Priorisierung beruht auch und besonders auf dem Wissen von Experten. Sie bedarf unterschiedlicher Fachleute, v.a. Kliniker aus den jeweiligen Versorgungsbereichen und Disziplinen, aber auch Sozialmediziner und Epidemiologen, Statistiker, Sozialwissenschaftler, Juristen, Ökonomen, Philosophen und

---

24 Baier H: Kundenorientierung statt Rationierung. Dt Ärztebl 1996; 93: C-1895-1898

25 Baier H: Ärzte und Patienten als Kunden des Gesundheitswesens. Dt Ärztebl 1998; 95: C-652-654

Theologen. Mit „Klinikern“ sind ausdrücklich nicht nur Ärzte, sondern Angehörige aller therapeutischen Berufe gemeint (u.a. Psychologen, Physio- und Ergotherapeuten, Pädagogen, Sporttherapeuten).

6.3 Die ersten Vorschläge weniger Fachleute und Institutionen (z.B. medizinischer Fachgesellschaften, Einrichtungen der Selbstverwaltung) bedürfen der breiten fachlichen, öffentlichen und politischen Diskussion und Prüfung. Hieran sind selbstverständlich auch die Bürger, die Mitglieder der Solidargemeinschaften, die Gesundheitsgefährdeten, Kranken und Patienten (bzw. ihre jeweiligen Repräsentanten) zu beteiligen.

6.4 Priorisierung braucht einen seinerseits legitimierten Adressaten mit einer belastbaren Sicherstellungs-, Struktur- und/oder Finanzierungsverantwortung sowie dem Vermögen, Prioritäten umzusetzen. Solche Zuständigkeitsbereiche, Aufgaben und Verfahren sind bei uns in aller Regel sozialrechtlich normiert, u.a. für die Bereiche der Kranken-, Renten- und Unfallversicherung. Priorisierungsverfahren und -ergebnisse müssen auch vor den Normen und Grundsätzen solcher Institutionen und schließlich vor dem Gesetz bestehen können, sie bedürfen der rechtlichen und der ethischen Legitimation.

6.5 Priorisierung erfolgt nicht in einem Versorgungsvakuum. Sie muß die Versorgungswirklichkeit eines Landes, nach Möglichkeit auch von Regionen berücksichtigen. Diese Wirklichkeit beruht ihrerseits immer schon auf Prioritäten, Zielen, Werten und Normen, unausgesprochenen wie ausdrücklichen. Die jeweils geltenden Prioritäten müssen möglicherweise verändert und weiterentwickelt werden; jedoch können sie nicht einfach durch neue Prioritäten ersetzt werden. Dazu sind sie zu sehr lebendige Medizin- und Sozialgeschichte, zu tief verwurzelt in einem spezifischen Wertgefüge, einer eigenen Kultur, einer materiellen Infrastruktur, in gewachsenen Institutionen und organisierten Interessen. Man mag Prioritäten europaweit diskutieren, akzeptiert und umgesetzt werden müssen sie in einem nationalen und letztlich in einem regionalen Rahmen.

6.6 Zentral für Priorisierung ist die Kategorie des Versorgungsbedarfs ("need"[26]). Wir setzen voraus, daß Bedarf im Einzelfall und für Bevölkerungen und Gruppen - in Annäherung - objektiviert und abgestuft werden kann. In seine Feststellung geht zweierlei ein: die Objektivierung eines drohenden oder bestehenden gesundheitlichen Problems und die Vergegenwärtigung eines notwendigen oder zweckmäßigen (s.o.) präventiven, therapeutischen oder rehabilitativen Verfahrens - bei unzureichenden Möglichkeiten der Selbsthilfe. Im englischen Gesundheitswesen wird Bedarf über die individuelle bzw. aggregierte „ability/capacity to benefit“, d.h. das Potential eines als ausreichend erachteten Nutzens

---

[26] Stevens A, Raftery J (eds.): Health care needs assessment. Oxford, Redcliff Medical Press 1994

definiert. Auf Bedarf kann nur dort erkannt werden, wo ein bestimmter Typ von gesundheitlichen Problemen mit überlegener Wahrscheinlichkeit verhindert, geheilt, gebessert, in seinem Fortschreiten aufgehalten oder in seinen Folgen gemindert werden kann - im Vergleich zum Abwarten, einer Placebo- oder Standardbehandlung. Wo nicht geholfen werden muß, wo noch nicht oder nicht mehr geholfen werden kann, gibt es keinen Versorgungsbedarf im hier gemeinten technischen Sinne - möglicherweise aber Bedarf an humaner Zuwendung und Begleitung und höchstwahrscheinlich auch Forschungsbedarf. Entsprechend dieser Auffassung wurden in Oregon „condition-treatment pairs" - in der klinischen Medizin spräche man von Indikationen - in eine einzige Rangreihe gebracht. Dabei ist durchaus, wie in Neuseeland geschehen (17), eine Priorisierung von Patientenuntergruppen innerhalb eines Indikationsbereichs möglich, z.B. dem der endoprothetischen Versorgung von Patienten mit Hüftgelenksarthrosen.

7. Ethische Grundpositionen und Spannungen

7.1 Fundamental ist das Prinzip einer „bedarfsgerechten" Versorgung. Bedarf ("need") ist, wie angedeutet, von Nachfrage ("demand"), aktueller Versorgung ("supply") und Angebot (in Form leerstehender Betten oder anderer freier Kapazitäten) zu unterscheiden. In der Medizin läßt sich die o.g. "ability to benefit" vergleichsweise am sichersten aus den Ergebnissen klinisch-evaluativer Forschung abschätzen. Es sind die wissenschaftlich kontrollierten Erfahrungen der Vergangenheit, die uns eine Krankheit für heilbar oder linderbar bzw. ein Verfahren für notwendig, zweckmäßig, wirksam, gefährlich usf. halten lassen. Damit ist Priorisierung auf das Konzept, die Methoden und Techniken der Evidenz-basierten Medizin (im Sinne von "evidence-based clinical medicine"[27], und "evidence-based health care"[28]) angewiesen. Sie orientiert sich an den positiven und negativen Konsequenzen klinischen und systemischen Versorgungshandelns.

7.2 Dabei kommt es auf die Auswahl adäquater Ergebnisindikatoren ("Outcomes", „Zweckmäßigkeitsindikatoren") an. In erster Linie sind gewonnene Lebensjahre und/oder gewonnene Lebensqualität zu berücksichtigen, letztere gemessen an einer Verringerung von Schädigungen, Fähigkeitsstörungen und sozialen Beeinträchtigungen[29]; [30] und an der Erfüllung individueller Erwartungen und Präferenzen (Zufriedenheiten).

---

27 Sackett DL, Richardson WS, Rosenberg W, Haynes RB: Evidence-Based Medicine. How to practice and teach EBM. New York, Edinburgh, London. Churchill Livingstone 1997

28 Gray JAM: Evidence-based healthcare. New York, Edinburgh, London, Churchill Livingstone 1997

29 WHO: International Classification of Impairments, Disabilities and Handicaps. World Health Organization Geneva, 1980

Dies geht jeder monetären Bewertung medizinischer Verfahren zeitlich, sachlich und ethisch voraus. Es ist darauf zu beharren, daß Medizin der immer kostspielige Versuch ist, das menschliche Leben zu verlängern, krankheitsbedingtes Leid so weit wie möglich und für möglichst alle Betroffenen zu vermindern und die „salus aegroti" entsprechend zu fördern. Daß dies effizient, d.h. möglichst wirtschaftlich zu geschehen habe, ist ein auch ethisch begründbares Gebot. Die Swedish "Parliamentary Priorities Commission" (1995) hat als drittes ethisches Prinzip der Priorisierung formuliert: "when choosing between different fields of activity or measures, a reasonable relation between cost and effect, measured in improved health and improved quality of life, should be aimed for" (14: S. 103). Maßgebend ist der Gesichtspunkt der sog. Opportunitätskosten: jede Ausgabe an einer Stelle beinhaltet (potentiell) einen entgangenen Nutzen an einer anderen.

7.3 Dennoch plädieren wir dafür, die Priorisierungsdiskussion nicht im engeren Sinne utilitaristisch zu führen[31]. Entsprechend der medizinischen Pflichtenlehre (Deontologie) soll die Erreichbarkeit von Versorgungszielen bei definierten (Gruppen von) Kranken maßgebend sei. Eine utilitaristische Orientierung muß dagegen bevorzugt auf den größten Nutzen für die größte Zahl sehen. Dies würde zu einer aktiven Diskriminierung von Kranken führen, die an seltenen Krankheiten leiden, schwerer erkrankt und älter sind. Die hier angeregte sektorbezogene Priorisierungsdiskussion vermeidet - wenigstens vorerst - Vergleiche zwischen heterogenen Versorgungsbereichen. So wäre zuerst „nur" die Priorität zwischen einer medizinischen Rehabilitation für z.B. Kranke mit einer frühen rheumatoiden Arthritis (bzw. besonderer Untergruppen) vs. Kranke mit unspezifischen Rückenschmerzen (bzw. ihrer Untergruppen) abzuwägen. Die viel schwierigere Frage, ob man nicht alle rehabilitativen Aufwendungen aus utilitaristischen Gründen besser in die Prävention investieren solle, bliebe erst einmal außer Betracht. Zu ihrer Beantwortung müßte man sich u.a. auf einen einheitichen Bewertungsmaßstab klinisch heterogener Verfahren geeinigt haben, etwa in Form der umstrittenen "quality adjusted life years (QALY)".

7.4 Die Bindung von Prioritäten an die Ergebnisse klinisch evaluativer Forschung ist als „empirizistisch" und „szientistisch"[32; 33] kritisiert worden. Zu disku-

---

30 Matthesius R-G, Jochheim K-A, Barolin GS, Heinz C (Hrsg.): Die ICIDH - Bedeutung und Perspektiven (Teil 1). WHO (Hrsg.): Internationale Klassifikation der Schädigungen, Fähigkeitsstörungen und Beeinträchtigungen (Teil 2) Berlin, Wiesbaden, Ullstein Mosby 1995

31 Lindholm LA, Emmelin MA, Rosén ME: Health maximation rejected. European J Public Health 1997; 7: 405-410

32 Evans JG: Evidence-based and evidence biased Medicine. Age and Ageing 1995; 24: 461-463

33 Klein R: The NHS and the new scientism: solution or delusion? Q J Med 1996; 89: 85-87

tieren wäre deshalb noch einmal, wie die „Dominanz der Experten"[34] kontrolliert werden soll. In jüngster Zeit ist eine Betonung von „Patientenrechten" zu beobachten, auch seitens der Bundesärztekammer[35], [36], [37]. In keinem Fall wird man aber auf die wissenschaftlich-kritische Analyse von Forschungsergebnissen und der sich daraus ableitenden empirischen Evidenz verzichten können. Alle historisch bekannten Alternativen sind nicht besser, sondern undurchschaubarer, undemokratischer, unzuverlässiger.

7.5 Gleichen Bedarf vorausgesetzt, gilt nach § 70 SGB V das Prinzip der Versorgungsgleichmäßigkeit. Dem entspricht ein vielfältiges Diskriminierungsverbot, etwa nach Alter, Wohnort, sozialer Schicht, ethnischer Zugehörigkeit, religiöser Gruppe und vor allem auch Zahlungsfähigkeit. Versorgungsprioritäten dürfen auch nicht auf die Häufigkeit von Krankheiten bzw. Indikationen und auch nicht auf ihre Genese sehen. Etwas kann nicht allein deswegen als nachrangig eingestuft werden, weil es - wie bestimmte Stoffwechselstörungen (z.B. Morbus Wilson) - selten vorkommt. Problematisch wäre es auch, „selbstverschuldete" oder verhaltensgebundene Krankheiten prinzpiell zu posteriorisieren; dieses Verbot gilt wenigstens für solche Gesundheitsstörungen, die selbst auf eine Krankheit vom Typ der Sucht zurückgehen, etwa auf Alkoholismus, Eßstörungen, Drogenabhängigkeit oder Nikotinabhängigkeit.

7.6 Die Verwirklichung beider Prinzipien (Bedarfsgerechtigkeit und Gleichmäßigkeit der Versorgung) setzt die Existenz und Anerkennung von Solidargemeinschaften voraus. Typischerweise werden in ihnen individuelle Präferenzen, Pläne und Vorkehrungen durch kollektive und strukturelle teils ersetzt, teils flankiert. Insofern enthält Priorisierung immer auch „paternalistische" Elemente, die die Autonomie der Mitglieder der Gemeinschaften (Patienten wie Leistungserbringer) aus einer Verantwortung für das Wohl aller Schutzbefohlenen bzw. -berechtigten einschränken. Der Freiheitsverlust ist differenziert zu sehen.

GKV-Versicherte können nicht jede beliebige Leistung auf Kosten der Gemeinschaft erwarten oder fordern. Sie können aber jeden Leistungsvorschlag ablehnen. Jede Behandlung ist grundsätzlich an ihre Zustimmung nach Aufklärung gebunden. Es gibt bisher keine sanktionsbewehrte Mitwirkungspflicht, wenn man von den vielfältigen Zuzahlungspflichten (u.a. Medikamente, Krankenhausbehandlung, stationäre Rehabilitation) einmal absieht. Es wäre zu erwägen, Zuzahlungen mit abnehmender Zweckmäßigkeit bzw. Priorität von Leistungen ansteigen zu

---

[34] Freidson E: Dominanz der Experten. in: Rohde J (Hrsg.): Medizin- und Sozialwissenschaften 3, München-Berlin-Wien, Urban & Schwarzenberg 1975

[35] Bundesärztekammer: Entwurf einer Charta der Patientenrechte. Sept.1999, vgl.: Homepage „bundesaerztekammer.de"

[36] Francke R, Hart D: Charta der Patientenrechte. Baden-Baden, Nomos 1999

[37] Annas GJ: A national bill of patient's rights. N Engl J Med 1998; 338: 695-699

lassen. Zusätzlich haben Kranke und Gesunde selbstverständlich das Recht, und es muß erhalten werden, sich individuell präferierte, kollektiv aber posteriorisierte Leistungen zu kaufen, z.B. durch direkte Zahlungen oder gesonderte Versicherungen.

Gebunden sind auch die sog. Leistungserbringer. Im Kontext von SGB V dürfen sie nicht jede mögliche Leistung auf Kosten der Versichertengemeinschaft veranlassen. Ihre solidarisch finanzierten Leistungen müssen vielmehr notwendig, nützlich und wirtschaftlich sein (§ 135 SGB V). Sie sind zudem durch die lex artis, das Berufs- und Haftungsrecht und die ärztliche Ethik eingeschränkt. Mit abnehmender Evidenz für bestimmte Indikationen und Verfahren wachsen die Wahlmöglichkeiten von Ärzten. Weichen sie von den entsprechenden Leitlinien, Standards oder Richtlinien ab, ergibt sich im Streitfall ein Rechtfertigungsbedarf proportional zur Stärke der Empfehlung und ihrer Evidenz und dem Ausmaß der Abweichung. Nur innerhalb dieser Grenzen gilt der Grundsatz der „Therapiefreiheit des Arztes“[38].

Angesichts der vielfältigen Unsicherheiten plädieren wir für Widerspruchsrechte und Widerspruchsverfahren. Sie sollten es ermöglichen, die Feststellung von Prioritäten generell und im Einzelfall anzugreifen und einer zweiten Prüfung zu unterziehen.

7.7 Ethisch keineswegs neutral sind zahlreiche offene Fragen der Priorisierung. Einige seien beispielhaft genannt: Sollen potentiell lebensrettende Verfahren grundsätzlich Vorrang haben (wie in Oregon)? Soll bei prinzipiell gleichartiger Indikation (z.B. Nierentransplantation bei terminaler Niereninsuffizienz) die voraussichtliche Prognose und Dauer des Erfolgs (etwa bei unterschiedlich alten Kranken) berücksichtigt werden und, wenn ja, wie? Welches Gewicht erhalten die unerwünschten Wirkungen, welches die monetären Kosten? Wie groß muß der Abstand (auf welchen Dimensionen, in welchen Einheiten, unter welchen Meßfehlern) zwischen zwei Indikationen sein, um sie als unterschiedlich wichtig anzusprechen? Schließlich sei noch einmal auf alle die Probleme hingewiesen, die beim Vergleich heterogener Indikationen (Prävention vs. Kuration vs. Rehabilitation, Herzkrankheiten vs. Rheumaleiden, "killing vs. crippling diseases" etc.) entstehen.

7.8 Offen ist auch, wo die Grenze gegenüber den Verfahren zu ziehen ist, die man von der solidarischen Finanzierung ausschließen möchte. Für solche Leistungen wäre eine vollständig private Finanzierung bzw. Vorsorge vorzusehen - ohne für den solidarisch finanzierten Bereich auf verschiedene Formen der Selbstbeteiligung verzichten zu wollen. In der holländischen Diskussion hat als nachgeordnetes Kriterium eine Rolle gespielt, welche Versorgungsleistungen "may be left to

---

[38] Laufs A: Therapiefreiheit des Arztes. ZaeFQ 1997; 91: 586-592

individual responsibility and individual payment" (13). Auch wir kennen das sog. Subsidiaritätsprinzip, bisher besonders im Bereich der Sozialhilfe. Im Bereich der GKV und RV (§ 1 SGB V, § 9 (2) SGB VI) ist von Eigen- und Mitverantwortung bzw. von Mitwirkungspflicht die Rede. In der GKV ist der angedeutete Weg u.a. durch den Verordnungs-Ausschluß einiger Arznei-, Heil- und Hilfsmittel beschritten. Diese richten sich gegen weit verbreitete und/oder rasch vorübergehende „geringfügige Gesundheitsstörungen", sind von geringem oder umstrittenem Nutzen oder verursachen nur geringfügige Kosten (§ 34 SGB V). Hier scheint eine Weiterentwicklung möglich - unter strikter Beachtung der Belastbarkeit der einzelnen Versichertengruppen und der Beobachtung ihrer Reaktionen.

8. Ein Verfahren zur Entwicklung von Prioritäten

In der internationalen Diskussion hat bereits die „zweite Phase der Priorisierung"[39] begonnen. Die Entwicklung von Prioritäten ist als ein komplexer, anspruchsvoller und konfliktträchtiger Vorgang erkannt worden.

Die Stellungnahme hat in Abschnitt 6 für die deutsche Diskussion inhaltliche und methodische Hinweise gegeben. Einige Punkte seien in der folgenden Übersicht noch einmal herausgehoben, einer näher kommentiert:

Acht Schritte einer Priorisierungsdiskussion innerhalb eines begrenzten Versorgungsbereichs

1. Klärung der zu Grunde gelegten ethischen, rechtlichen und politischen Prinzipien
2. Feststellung der Aufgaben und Ziele des Versorgungsbereichs
3. Darstellung und Bewertung der aktuellen Versorgungssituation und ihrer impliziten/expliziten Prioritäten
4. Qualitative und quantitative Merkmale der Krankheitslast (Schweregrad, Prognose, Dringlichkeit)
5. Zweckmäßigkeit der auf sie bezogenen Interventionen (Evidenzgrade?)
6. Alternativen, Risiken und unerwünschte Wirkungen
7. Direkte und indirekte Kosten, Effizienz
8. Interessen, Erwartungen und Präferenzen aller (potentiell) Beteiligten

---

[39] Holm S: Goodbye to the simple solutions: The second phase of priority setting in health care. BMJ 1998; 317: 1000-1004

Als achter Punkt ist in der Übersicht die Berücksichtigung der Interessen, Erwartungen und Präferenzen aller potentiell Beteiligten genannt[40]. Wir erinnern an die 1996 von der WHO veröffentlichte Charta von Ljubljana und ihre Forderung, „auf das Wort der Bürger (zu) hören und ihre Entscheidungen (zu) respektieren". Zu einer systematischen Bürgerbeteiligung sind international eine Reihe von Verfahren vorgeschlagen und z.T. schon empirisch geprüft worden. In einer nationalen Studie ist deutlich geworden[41], daß wenigstens zwei Drittel der Erwachsenen „in Entscheidungen über Sparmaßnahmen im Gesundheitswesen" einbezogen werden wollen. Als weiter Einzubeziehende werden dann zuerst und mit weitem Abstand Ärzte genannt. Auch dies ist ein Hinweis auf die hier für notwendig gehaltene, offenbar auch von der Bevölkerung erwartete und schließlich vom Sozialrecht gestützte Bedeutung der ärztlich-klinischen Expertise in der Priorisierungsdiskussion. Dennoch gilt, daß Priorisierungsentscheidungen mit Rationierungswirkungen nur in transparenten demokratischen Verfahren und von hierzu ermächtigten Institutionen getroffen werden können. Diese Entscheidungen anzuleiten und konzeptionell, inhaltlich und methodisch vorzubereiten, könnte (nach schwedischem Vorbild) auch bei uns die Aufgabe einer eigenen Parlamentskommission werden.

---

40 Mullen PM, Spurgeon P: Priority setting and the public. Oxon, Radcliffe Medical Press, 2000
Mullen PM: Public involvement in priority setting: Are the methods used appropriate and valid? Paper presented at the Second International Conference on Priorities in Health Care, 1998

41 Westphal R: Die Bedeutung ausgewählter präventiver, therapeutischer und rehabilitativer Leistungen im Spiegel eines Bevölkerungssurveys. Medizinische Dissertation, MUL 2000

Der Bundesausschuß der Ärzte und Krankenkassen: Rationellere oder rationierte Medzin?*

Professor Dr. Dr. h.c. Michael Arnold
Wissenschaftspolitische Initiativen e.V.
Arbeitsgruppe Gesundheitssystemforschung

I. Einleitung

In den Diskussionen um die Gesundheitsreform 2000 wird von der Politik allen Überlegungen zu einer Rationierung, die medizinisch indizierte Leistungen aus der GKV herausnimmt, eine Absage erteilt. Zugrundegelegt wird dem die Überzeugung, daß das gegenwärtige Finanzvolumen der GKV mit seiner Anbindung an die Entwicklung der beitragspflichtigen Einkommen der Versicherten zur Sicherstellung einer medizinischen Versorgung auf hohem qualitativen Niveau dann ausreiche, wenn die ressourcenverzehrenden Defizite in der Versorgung beseitigt würden. Dahinter steht die Vorstellung *Rationalisierung statt Rationierung* und um diese beiden offenbar als sich gegenseitig ausschließend aufgefaßte Optionen geht es wesentlich auch in diesem Vortrag.

II. Rationalisierung

Es ist ein Prinzip wirtschaftlichen Handelns, die unter allen Umständen knappen Ressourcen so zu verwenden, daß ein möglichst hoher Nutzen erzielt wird. Das ist der Fall, wenn möglichst viele Bedürfnisse möglichst vollständig gedeckt werden.

Auf der individuellen Ebene wird das am wahrscheinlichsten erreicht, wenn der Einzelne seine Mittel entsprechend seinen Präferenzen einsetzt. Hat er sie falsch eingesetzt, so bleiben bestimmte Bedürfnisse unbefriedigt und der erwartete Nutzen wird sich nicht einstellen. Da die Bedürfnisse auf ganz verschiedenen Ebenen liegen können, sind die Nutzen oft nur schwer gegeneinander abzuschätzen und Fehlentscheidungen nicht selten. Für die Folgen von Fehlentscheidungen, insbesondere für die ökonomischen Folgen des Handelns haftet das jeweilige Subjekt.

---

* Mit Unterstützung durch den Stifterverband der Deutschen Wissenschaft

Die Einheit von Handlung und Haftung ist bei der medizinischen Versorgung aufgrund der politisch gewollten Modalitäten von Finanzierung und Leistungsverteilung im Hinblick auf die finanziellen Folgen einer Inanspruchnahme aufgehoben:

- Die Höhe der für die Sicherstellung der Versorgung vom Versicherten entrichteten Kassenbeiträge hat keinen Bezug zum Nutzen der nachgefragten Leistungen, sondern richtet sich nach der Höhe des Einkommens.

- Die für die Bedürfnisbefriedigung geeigneten Leistungen werden in ihrer Mehrheit nicht vom Versicherten als dem Nachfrager sondern von einem Leistungserbringer definiert.

- Der Leistungserbringer wird nicht nach Maßgabe des beim Versicherten erreichten Nutzens sondern von einem Dritten entsprechend einer Gebührenordnung vergütet.

Der Nachfrager von Leistungen wird und kann unter diesen Bedingungen das Leistungsgeschehen zur Vermeidung eines unnötigen Verbrauchs von Ressourcen nicht so steuern, wie das bei einer Einheit von Handlung und Haftung denkbar wäre. Zusammen mit der aufgrund der ungleichen Informationsverteilung eingeschränkten Konsumentensouveränität gibt das dem Leistungserbringer ein Übergewicht, das es ihm erlaubt, sein Einkommen durch eine entsprechende Definition des Leistungsbedarfs in den Grenzen der Rahmenbedingungen zu maximieren.

Dem einzelwirtschaftlich rationalen Bemühen des Leistungserbringers um eine Einkommensmaximierung steht als wichtige Rahmenbedingung die Bestimmung des § 12 (1) SGB V entgegen, in dem die Leistungsanrechte des Versicherten umschrieben werden. Danach hat er Anspruch auf eine *ausreichende*, *zweckmäßige*, *wirtschaftliche* und das *Maß des Notwendigen* nicht übersteigende Behandlung. Diese auf Anhieb überzeugende Bestimmung dient dazu, das Leistungsgeschehen und damit die Ausgaben im Griff zu halten, was auch angesichts einer aus sozialpolitischen und ethischen Gründen nicht durch die individuelle Kaufkraft begrenzten Nachfrage nach Gesundheitsleistungen geboten scheint. Aus der Bestimmung ist indes nicht abzuleiten, was dies für den Einzelfall bedeutet. Es gibt, vielleicht von einigen Zuständen vor allem in der Notfallmedizin abgesehen, keine Möglichkeit, das medizinisch Notwendige in einer intersubjektiv zweifelsfreien Weise zu bestimmen. Nur einer unter vielen Gründen ist, daß es sehr oft verschiedene Behandlungsoptionen gibt, ein anderer, daß das Leistungsgeschehen in erheblichem Maße von den Strukturen, Kapazitäten und Anreizen im Versorgungssystem abhängt, aus denen sich ein wissenschaftlich nicht zu erklärender Standard ergibt. Wenn z.B. in Frankreich im Jahr 1994 auf jeden Einwohner 52.0 Arzneiverordnungen entfielen, in Deutschland 12.8 und in Dänemark 7.6, so ist das nicht mit der Morbidität zu erklären, sondern hängt mit der unterschiedlichen Medizinkultur und den Systemcharakteristika des jeweiligen Landes zusammen.

Bedeutende Unterschiede gibt es auf Teilgebieten auch *innerhalb eines Landes:* Die pro-Kopf-Arzneimittelausgaben zwischen Mainz und Wiesbaden differieren beispielsweise unerklärlich, die stationären Fallkosten lagen 1995 in Rheinland-Pfalz bei ca. 5.600,00 DM und in Berlin bei ca. 10.000,00 DM. Zwar ist keine Aussage möglich, welcher Betrag angemessen ist - wie sich das aus der Erbringung ausschließlich medizinisch notwendiger Leistungen ergäbe - aber unter keinen Umständen können beide Werte gleichermaßen eine effiziente Versorgung widerspiegeln: Sie können auf mangelnde Zweckmäßigkeit, auf eine nicht ausreichende oder aber auf eine das Maß des Notwendigen übersteigende Leistungserbringung verweisen oder schließlich auf innerbetrieblichen Unwirtschaftlichkeiten beruhen. So oder so muß es Wirtschaftlichkeitsreserven geben, die *grundsätzlich* durch Rationalisierungen zu mobilisieren sein müßten – aber wie, wenn der archimedische Punkt fehlt, um zu einer unumstrittenen Vorstellung über das medizinisch Notwendige zu kommen und die Interessen der verschiedenen Wirtschaftssubjekte aus ökonomischen Gründen oder weil man gewohnheitsmäßig am verinnerlichten Standard festhalten will dem entgegenstehen?

Die hier zur Veranschaulichung der Probleme verwendeten Daten sind *hochaggregiert,* sie fassen zusammen, was sich im einzelnen auf der Arzt-Patienten-Ebene abspielt. Dort werden die Entscheidungen über Art und Menge der dem jeweiligen Fall für angemessen gehaltenen Leistungen getroffen. In diese Entscheidungen fließen eine Reihe von subjektiven Elementen ein. Dazu zählen Forderungen und Erwartungen auf Seiten der Patienten, denen der Arzt im Rahmen des fachlich vertretbaren Rechnung zu tragen sucht und Erfahrungen auf Seiten des Arztes, auf die der Patient vertraut und die u.a. seine Arztwahl bestimmt haben. Ohne diese subjektiven Elemente wären Arzt und Patient beliebig austauschbar. Die Entscheidung über die Behandlung könnten sich zur Gänze auf objektivierbare Befunde stützen und dann – und solche Vorstellungen hat ein bedeutender Kliniker Anfang der 50er Jahre im Unterricht vertreten - entsprechend Algorithmen getroffen werden, die ausschließlich Therapieverfahren betreffen würden, deren Wirksamkeit anhand meßbarer Effekte belegt ist.

Das daraus folgende Leistungsgeschehen wäre im Hinblick auf das Erreichen einiger meßbarer Werte rationell und effizient, aber um den Preis des Verzichtes auf *soziale Funktionen,* die die Medizin zu allen Zeiten und unabhängig von ihrer objektiven Leistungsfähigkeit ausgeübt hat und ausübt. Sie ermöglicht oder erleichtert doch wenigstens dem Einzelnen und der Gesellschaft, in einer rationalen Weise mit Krankheit und Tod fertig zu werden. Natürlich wird dies am besten erreicht, wenn die Krankheit geheilt oder ein vorzeitiger Tod verhindert wird – aber auch in allen anderen Fällen ist die Medizin zum *Prinzip Hoffnung* in einer säkularisierten Gesellschaft geworden und auch das hat seinen Preis.

Angesichts der Unvermeidlichkeit von Krankheit und der Unausweichlichkeit des Todes sind die Bedürfnisse nach Gesundheitsgütern grundsätzlich unbegrenzt, was u.a. auch das „*ut aliquid fiat*" erklärt, dem in der Medizin eine so große Bedeutung zukommt.

Die Frage ist aber, ob dieses „*aliquid*" solidarisch finanziert werden soll – oder auf bestimmte Leistungen beschränkt werden kann und ob diese Beschränkung den Tatbestand der „Rationierung" erfüllt.

III. Rationierung

Im Dezember 1998 erschien in der Schriftenreihe des Londoner „Office of Health Economics" eine Broschüre von *Alan Maynard* und *Karen Bloor: „Our Certain Fate: Rationing in Health Care"*. Ausgehend von dem trivialen, weil für jeden eigentlich tagtäglich bestätigten Umstand, daß immer und überall zu entscheiden ist, für welchen Zweck unter vielen möglichen die verfügbaren knappen Ressourcen eingesetzt werden sollen und daß Ressourcen, für einen Zweck verwendet, nicht mehr für einen anderen zur Verfügung stehen, kann es nach Ansicht der Autoren nicht um die Frage gehen, *ob* rationiert werden muß, sondern einzig und allein *wie*. Ob die aus der Knappheit folgende Beschränkung der Zuteilung von Gütern und Leistungen als „Rationierung", als „Prioritätensetzung" oder als „Ressourcenallokation" bezeichnet wird, sei dabei unerheblich. Sie sei in jedem Fall unausweichlich, wie großzügig auch immer man das medizinische Versorgungssystem alimentiert.

Angesichts der Eindeutigkeit dieser Aussage ist das mit Blick auf die Gesundheitsreform 2000 gegebene Versprechen der Koalition, eine Rationierung komme nicht in Frage, kaum verständlich. Sie wird auch nicht verständlicher durch den Zusatz „Rationierung durch Herausnahme medizinisch indizierter Leistungen", denn medizinisch indiziert entspricht dem medizinisch Notwendigen und das ist wie an wenigen Beispielen gezeigt wurde und durch vielfache Erfahrungen zu belegen wäre nicht fest zu machen.

Die Aussage ist aber auch deshalb schwer verständlich, weil für jeden die Knappheit an *realen* Ressourcen und die daraus folgende Notwendigkeit, bei der medizinischen Versorgung zu rationieren, auf der Hand liegt. So ist die *Zeit* des Arztes endlich. Es ist unmöglich, daß alle Patienten, die einer bestimmten Operation bedürfen, von dem dafür *am besten qualifizierten* Chirurgen behandelt werden. Mit aller Selbstverständlichkeit werden bei der Belegung von Intensivbetten *Triagen* vorgenommen. Bei der Operationsplanung werden *Prioritäten* gesetzt, *Organe* für die Transplantation werden nach bestimmten Kriterien zugeteilt usw.

Auch die Vorgabe eines Globalbudgets, die eine administrativ verschärfte Knappheit bedingt, macht Rationierungen unausweislich. Das kann über eine Beschränkung der Kapazitäten erfolgen – was z.B. Wartezeiten und Wartelisten vor allem für elektive Behandlungen nach sich zieht die an die Stelle von Preisen treten und die Knappheit anzeigen - oder aber über eine Eingrenzung des *Leistungsspektrums*.

Die beiden Ansätze schließen sich nicht aus, sondern können sich ergänzen, wobei theoretisch durch *Grenznutzenausgleiche* negative Auswirkungen auf die an bestimmten Parametern festgemachte Versorgungseffektivität gemindert werden können. Das ist idealtypisch zu erreichen, indem zum einen bei unzureichenden Kapazitäten die schweren Fälle bevorzugt behandelt werden und zum anderen in das Leistungspaket nur Leistungen aufgenommen werden, deren Effektivität, viel besser jedoch, deren *Kosteneffektivität* belegt ist oder die einen hohen sozialen Nutzen haben.

Versuche einer in diesem Sinne expliziten, für alle Betroffenen transparenten Rationierung sind in einigen Ländern – etwa den Niederlanden, Neuseeland, Norwegen, Schweden, dem Vereinigten Königreich, in den USA in Oregon für Medicaid-Patienten – unternommen worden, jedoch rasch an Grenzen gestoßen. Eine entscheidende Grenze ergibt sich aus dem Mangel an Daten über die Effektivität und die Kosten von Verfahren, eine andere, daß man sich am Ende doch nicht auf die Prinzipien und die praktische Durchführung der Rationierung einigen kann.

Auch wenn es im einzelnen offene Fragen über den richtigen Ansatz der Rationierung oder Prioritätensetzung geben mag, kein anderer Ansatz wird unter einem begrenzten Gesundheitsbudget zu einer Maximierung der Anhebung der Gesundheit führen. Es reicht dazu aber nicht die in der Diskussion inzwischen überstrapazierte „Evidence-Based Medicine“ aus, sondern es sind ökonomisch fundierte Entscheidungen erforderlich. In Deutschland hat der *Bundesausschuß der Ärzte und Krankenkassen* grundsätzlich Entscheidungen dieser Art zu treffen.

IV. Der Bundesausschuß

Der paritätisch mit Vertretern der Kassen- und der Vertragsärzte besetzte, von einem unparteiischen Vorsitzenden geleitete und durch zwei unparteiische Mitglieder ergänzte *Bundesausschuß der Ärzte und Krankenkassen* ist einer breiteren Öffentlichkeit erst in jüngster Zeit durch einige spektakuläre Entscheidungen – etwa die Nichtanerkennung von Viagra als kassenärztliche Leistung – und die Verabschiedung von teilweise heftig kritisierten Richtlinien – wie die zur Arzneimittelverordnung, deren Inkrafttreten zum vorgesehenen Zeitpunkt durch eine richterliche Entscheidung unterbunden wurde – bekannt geworden. Bis dahin hat der Bundesausschuß, dessen Vorgänger der 1913 ins Leben gerufene *Zentralausschuß* und der 1923 gebildete *Reichsausschuß* waren und der 1955 seine heutige Organisation gefunden hat, weitgehend unbemerkt seine Aufgaben wahrgenommen.

Das hat sich geändert, nachdem der Umfang und die Art seiner Aufgaben mit dem zweiten GKV-Neuordnungsgesetz vom 01.07.1997 (2.NOG) eine deutliche Erweiterung erfahren haben. Er hat nun in umfassender Weise *alle* Leistungen zu überprüfen, die zu Lasten der gesetzlichen Krankenversicherung erbracht werden können. Er hat für die verschiedenen Leistungsbereiche Richtlinien zu formulieren, die das Gebot der Wirtschaftlichkeit für Kassenärzte und Krankenkassen konkretisieren und die Leistungsansprüche der Versicherten präzisieren.

Hinter dieser Aufgabenzuweisung steht das Ziel, die notwendige gesundheitliche Versorgung in möglichst hoher Qualität und unter Teilhabe am medizinischen Fortschritt bei möglichst stabilen Beitragssätzen zu gewährleisten. Dies, so die Erwartung, ist auf dem Wege einer *Einengung des Leistungsrahmens* durch die Herausnahme von Leistungen zu erreichen, die keinen diagnostischen oder therapeutischen Nutzen haben, die nicht notwendig oder die unwirtschaftlich sind.

Positiv gewendet sind *Nutzen*, *Notwendigkeit* und *Wirtschaftlichkeit* Voraussetzung dafür, daß Verfahren zu Lasten der GKV erbracht werden können. Die Prüfung, ob diese Voraussetzungen bei einem Verfahren gegeben sind, erfolgt speziell bei ärztlichen Behandlungsverfahren gemäß einer Richtlinie, die die Arbeitsweise des mit der Aufgabe befaßten Gremiums regelt. Dabei werden die dem Urteil zugrundegelegten Ergebnisse von Studien und sachverständigen Aussagen nach bestimmten Evidenzstufen geordnet und dann jeweils bewertet, ob die vom Gesetz genannten Kriterien Nutzen, Notwendigkeit und Wirtschaftlichkeit erfüllt sind.

Ein gleichsam mechanisches Vorgehen ist dabei nicht möglich, es wäre den Problemen nicht angemessen: Ob eine Behandlung nützlich, notwendig und wirtschaftlich ist, ist *interpretationsfähig*, ja *interpretationsbedürftig*.

Beispielsweise sollte der *Nutzen* eines Verfahrens idealtypisch auf der Grundlage einer randomisierten, kontrollierten Studie entsprechend der Evidenzklasse I belegt sein, um anerkannt zu werden. Grundsätzlich sind Verfahren, deren Wirksamkeit nur anhand großer Patientenkollektive und mit Hilfe subtiler statistischer Methoden nachgewiesen werden können, nur marginal effektiv oder marginal effektiver als bereits angewandte Verfahren. Die Effektivität für sich genommen ist also nicht ausreichend, sondern es muß ein „Mehrwert“ an Nutzen gegeben sein.

Der „Mehrwert“ an Nutzen kann sehr gering sein und ihn zu erreichen einen hohen Aufwand erfordern. Wird beispielsweise gentechnisch hergestelltes t-PA anstelle der wesentlich kostengünstigeren Streptokinase verwendet, um ein Blutgerinnsel bei Gefäßverschlüssen aufzulösen, so ist das für einen von 100 Patienten zum Vorteil. Auf diesen einen Fall müssen die Mehrkosten umgelegt werden, die bei allen Patienten bei durchgängiger Anwendung des teureren Präparates anfallen.

Nicht nur dies macht es schwer, den Nutzen festzustellen, es gibt ein viel größeres Problem: Der Nutzen wird sich immer nur bei einer *tatsächlich gegebenen Indikation* im Einzelfall ergeben. Ob die Indikation im Einzelfall aber gegeben ist, kann nicht von einer Ja/Nein-Entscheidung des Bundesausschusses berührt werden. Darauf kann günstigenfalls mit Hilfe von *Leitlinien* Einfluß genommen werden – ob aber mit ihrer Hilfe die Rationalität in wünschenswerter Weise erhöht und so Wirtschaftlichkeitsreserven ausgeschöpft werden können, ist mehr als zweifelhaft. Dies nicht nur deshalb, weil sie oft umstritten, sondern weil sie für den Einzelfall nicht bindend sein können. Damit aber bleibt eine wesentliche Ursache der Unwirtschaftlichkeit bestehen: Die Mängel bei der Leistungserbringung bestehen nicht so sehr in der Anwendung unwirksamer Verfahren als vielmehr in der wirksamer bei nicht gegebener und der Nichtanwendung bei einer gegebenen Indikation. Bezüglich des Nutzens trägt der BA daher viel weniger zu einer rationelleren Medizin bei, als man auf Anhieb erwarten würde.

Nicht viel anders ist es beim Begriff *Notwendigkeit*, der hier kaum im Sinne des § 12(1) SGB V zu verstehen ist: Er bezieht sich im Kontext des § 135 (1) SGB V nicht auf den Einzelfall sondern auf die Frage der Verfügbarkeit eines Verfahrens im *System*. Es ginge also etwa darum zu entscheiden, ob ein Verfahren aufgrund der Morbidität oder angesichts bereits anerkannter Verfahren verfügbar sein sollte. Auch dies setzt eine Wertung voraus, d.h. es ist interpretationsbedürftig.

Ist beispielsweise ein nachgewiesen effektiver ß-Rezeptorenblocker verfügbar, können Zweifel an der Notwendigkeit der Aufnahme eines weiteren in den Leistungskatalog aufkommen. Die Fortschritte erfolgen aber auf vielen Gebieten meist in kleinen Schritten, bei Arzneimitteln etwa durch eine niedrigere Dosierung, eine höhere Spezifität, von weniger Nebenwirkungen. Über die Zeit können die Fortschritte beträchtlich sein, doch werden sie kaum eintreten, wenn man auf „Durchbrüche“ wartet und nur dann die Notwendigkeit als gegeben betrachtet.

Vergleichbares gilt für diagnostische Verfahren: Nur stufenweise wurde z.B. die Leistungsfähigkeit heutiger Kernspintomographen mit ihren inzwischen kurzen Scanzeiten und ihrer hohen Auflösung erreicht.

Was die *Wirtschaftlichkeit* angeht, so ist die Frage bedeutsam, ob sie für sich genommen oder nur im Zusammenhang mit einem Nutzen oder einer Notwendigkeit gegeben oder nicht gegeben sein muß. Das Beispiel Viagra zeigt, daß das Kriterium Wirtschaftlichkeit offenbar isoliert einer Entscheidung zugrunde gelegt werden kann: Weder bezüglich des Nutzens, gemessen an der durch eine Reihe von Studien belegten Wirksamkeit, noch bezüglich der Notwendigkeit, die durch die Epidemiologie der erektilen Dysfunktion gegeben ist, konnten bei Viagra Zweifel bestehen. Entscheidend waren die hohen Gesamtkosten – die im übrigen auf der Grundlage unrealistischer Annahmen hochgerechnet worden waren – und war die *Mißbrauchgefahr* - ein Kriterium, das im Gesetz nicht genannt wird.

Mit dem Kriterium „Wirtschaftlichkeit" und wenn diese unabhängig vom Nutzen und der Notwendigkeit gegeben sein muß, hat der Gesetzgeber einen Ansatz geliefert, aus rein ökonomischen Gründen Leistungen aus dem Leistungskatalog auszuschließen, d.h. *zu rationieren.*

Nach den bisherigen Erfahrungen zeichnet sich ab, daß der BA bei seinen Entscheidungen sehr oft auf dieses Kriterium zurückgreift, wobei maßgeblich ist,. von welchem Wirtschaftlichkeitsbegriff BA ausgegangen wird.

Bei Viagra wurde die Bewertung vom *Gesamtaufwand* her vorgenommen: Er schien so groß, daß er die finanziellen Möglichkeiten des GKV-Systems überschreiten würde. Eine andere Möglichkeit ist, die Wirtschaftlichkeit an der Höhe der *Grenzkosten* festzumachen. So erreicht der Aufwand für ein gewonnenes Lebensjahr durch die Primärprophylaxe des Herzinfarktes mit Lipidsenkern bei 35-44jährigen Probanden mit moderat erhöhten Cholesterinwerten (300,0 mg) ca. 500.000,-- US$. Bei unbestrittener Wirksamkeit von Statinen und bei einer angesichts der Häufigkeit von einschlägigen Störungen ebenso unbestrittener Notwendigkeit profitieren dennoch nur wenige Patienten von einer Behandlung, es ist daher unwirtschaftlich.

Der Ausschluß dieser Präparate - wie in den für den Augenblick gestoppten Arzneimittelrichtlinien vorgesehen - läuft ebenso wie bei anderen, z.B. diagnostischen Behandlungsverfahren nicht auf eine *rationellere*, sondern auf eine *rationierte* Medizin hinaus. Das ist unter Berücksichtigung von Opportunitätskosten durchaus und zwar auch ethisch vertretbar.

Es ist dies vor allem für die GKV aber nur schwer zu akzeptieren: Es wird ja die Höhe des Aufwandes für ein gerettetes Lebensjahr zum Kriterium für die Aufnahme oder den Ausschluß eines Verfahrens. Die im Wettbewerb untereinander stehenden Kassen sehen sich damit dem denkbaren Vorwurf ausgesetzt, ökonomische über humanitäre Ziele zu stellen. Es ist offen, ob man in einem auf Seiten der Kostenträger wettbewerblich organisierten System überhaupt so begründete Rationierungen durchhalten kann.

Das Ziel, die Rationalität des Leistungsgeschehens, durch die Bereinigung des Leistungsrahmens durchgehend zu erhöhen, kann - läßt man einmal die methodischen Probleme außer Betracht, die sich bei der ökonomischen Evaluation vor allem diagnostischer Verfahren ergeben können - durch zwei weitere Bedingungen verfehlt werden:

- Politische Rücksichten können trotz gegenstehender Studien oder fehlender Beweise zu einem positiven Votum führen, so im Falle der Methadonsubstitution und der Viruslastbestimmung bei Aids.

- Der BA ist nur für den vertragsärztlichen Sektor zuständig, das Krankenhaus ist ein praktisch ungeschütztes Einfallstor für neue Verfahren. Das soll sich nach dem Entwurf für das Gesundheitsreformgesetz 2000 ändern, es ist gemäß § 137 c die Einrichtung eines speziell für den Krankenhausbereich zuständigen Ausschusses vorgesehen. Das ist nun nicht uneingeschränkt begrüßenswert:

Bei der Langsamkeit, mit der Entscheidungen zustande kommen, würde es zu unerträglicher Verzögerung beim Vollzug des Fortschrittes kommen, wenn strikt jeweils ein Votum des BA oder des Ausschusses „Krankenhaus“ Voraussetzung für die Erbringung der Leistung wäre. Wenn diese Befürchtung in Wirklichkeit weitgehend unbegründet ist, so deshalb, weil in Fällen, in denen ein positives Votum der BA fehlt, unter bestimmten Voraussetzungen ein „Systemversagen“ angenommen wird und dann der Versicherte ein Anrecht hat, die nicht bewertete Leistung auf Kosten der Krankenkasse in Anspruch zu nehmen.

V. Grenzen der Entscheidungsbindung

Die Entscheidungen des BA beziehen sich im wesentlichen auf eine *mittlere Ebene.* Sie ist unterhalb des Makroebene zu denken, wo das Globalbudget das Leistungsgeschehen beschränkt und oberhalb der Mikroebene, auf der die Arzt-Patientenbeziehung liegt. Dort werden Art und Menge der Leistungen nach Maßgabe der individuellen Erfordernisse und der ärztlichen Kompetenz definiert.

Die Größe des Globalbudgets wird nicht in Kenntnis eines Bedarfs bestimmt - den es als eine objektive Größe nicht geben kann -, sondern politisch durch das normative Ziel Beitragssatzstabilität festgelegt. Das Globalbudget steht grundsätzlich im Widerspruch zu dem unbegrenzten Leistungsanspruch des Versicherten, doch wird dieser Widerspruch zumindest gedanklich durch die Vorstellung von Wirtschaftlichkeitsreserven als für die Praxis bedeutungslos gesehen.

Von der Größe des Globalbudgets könnte u.a. die Strenge abhängen, mit der bei der Bestimmung des Leistungsrahmens auf die Kosteneffektivität von Verfahren geachtet werden müßte. Über bindende Entscheidungen im Sinne von Ja/Nein kann der BA damit auf der mittleren Ebene unter Beachtung von Grenznutzenausgleichen *rationieren* und damit im Hinblick auf das Erreichen bestimmter Ziele *rationalisieren.*

Die rationierenden Entscheidungen des BA zielen nicht auf den Einzelfall ab, sie sind insofern anonym. Erst auf der untersten Ebene, auf der einem einzelnen Patienten eine bestimmte Leistung verweigert wird, ist die Anonymität aufgehoben. Für diese Ebene mit erheblichen, mit dem Begriff „Therapiefreiheit" bezeichneten Ermessensspielräumen ist es nicht möglich, feste Kriterien für die Entscheidung über eine Leistungsgewährung oder –verweigerung vorzugeben, die unter Berücksichtigung individueller Umstände verwendet werden könnten: Man kann schlechterdings nicht bindende, d.h. stets gültige Entscheidungen vorgeben und gleichzeitig den Besonderheiten des Einzelfalls Rechnung tragen wollen. Soweit keine bindenden Entscheidungen des BA vorliegen, kann der Leistungserbringer daher autonom handeln.

Anders als im übrigen Wirtschaftsleben steht im medizinischen Versorgungssystem dem autonomen „Anbieter" traditionellerweise der nicht souveräne Konsument entgegen. Da medizinische Leistungen aus sozialpolitischen Gründen so finanziert und verteilt werden, daß es im Hinblick auf die finanziellen Folgen einer Inanspruchnahme keine Einheit von Handlung und Haftung gibt, fehlt das entscheidende Steuerungsglied „Konsument", um eine möglichst vollständige Deckung der Bedürfnisse durch eine möglichst effiziente Mittelverwendung zu erreichen.

Zu den Zielen der „Gesundheitsreform 2000" zählt die Stärkung der *Patientenautonomie.* Dahinter steht zum einen der richtige Gedanke, daß der Patient im Geiste des Grundgesetzes eine in ihrer Würde unantastbare und zur freien Entfaltung berechtigte Persönlichkeit ist und – sofern dem nicht sein ausdrücklicher Wille entgegensteht – Entscheidungen, die Krankheit und Tod betreffen, selbst treffen sollte. Dazu muß er durch eine umfassende *Aufklärung* in die Lage versetzt werden.

Mit einer umfassenden Aufklärung eröffnet sich zum anderen aber auch die Chance, den Patienten so autonom zu machen, daß er in der Lage und willens ist, das Leistungsgeschehen zumindest *mitzusteuern.* Ohne Anreize und das heißt hier, ohne irgendwie in die auch finanzielle Mitverantwortung genommen zu werden, erscheint es jedoch zweifelhaft, jene Einheit von Handlung und Haftung herzustellen, die gleichsam selbststeuernd Unwirtschaftlichkeit tendenziell beseitigt.

Gegen eine finanzielle Mitverantwortung steht das sozialpolitische und ethische Ziel, die Inanspruchnahme der medizinischen Versorgung unabhängig von der individuellen Kaufkraft des Patienten zu gewährleisten. In diesem *Dilemma* ist keine harmonische Lösung denkbar: Die üblichen Instrumente des Marktes werden aus sozialpolitischen Gründen verworfen und die sozialpolitisch vertretbaren Ansätze einer bis ins einzelne gehenden Regulierung stoßen rasch an prinzipielle Grenzen.

VI. Fazit

Angesichts der Unvermeidbarkeit von Krankheit und der Unausweichlichkeit des Todes sind die Bedürfnisse nach Gesundheitsleistungen grundsätzlich unbegrenzt: Jede mögliche diagnostische Maßnahme kann größere Sicherheit geben, jeder therapeutische Versuch neue Hoffnung. Das aus der Unbegrenztheit der Bedürfnisse folgende Leistungsvolumen wird durch die Nutzenmaximierungsbemühungen der Leistungserbringer noch vergrößert, wobei der Patient wegen des sozialpolitisch begründeten weitgehenden Verzichtes auf die Einheit von Handlung und Haftung als steuerndes Glied ausfällt.

Das unter diesen Umständen zustande kommende Leistungsgeschehen *kann* nicht bedarfsgerecht sein und insofern bestehen Wirtschaftlichkeitsreserven. Die Vorgabe eines Globalbudgets kann den Druck zu einem Grenznutzenausgleich erhöhen und dazu zählt auch die Beschränkung des Leistungsrahmens auf kosteneffektive Verfahren. Dabei verschwimmen jedoch unvermeidlich die Grenzen von Rationalisierung und Rationierung.

Auf der Ebene von Arzt und Patient steht die Autonomie der handelnden Wirtschaftssubjekte den Bemühungen um eine Ausschöpfung aller Rationalisierungsreserven entgegen; hier finden die Bemühungen um eine durchgehend rationelle Medizin ihre unüberwindbaren Grenzen.

Zum Schluß stellt sich die Frage, wie denn der Bundesausschuß selbst unter den im Gesetz genannten Kriterien „Nutzen", „Notwendigkeit" und „Wirtschaftlichkeit" einzuschätzen ist.

Über seinen *Nutzen* ist schwer zu urteilen, da eine Reihe von Bedingungen wie der Wettbewerb zwischen den Kassen, die Nichtbindung vieler Entscheidungen, die Klagemöglichkeit gegen Entscheidungen und die großen Schwierigkeiten der Entscheidungsfindung seine Wirksamkeit schmälern.

Über seine *Notwendigkeit* ist kaum ein Zweifel möglich: Die Beschränkung des Leistungspaketes mit Hilfe nachvollziehbarer Kriterien wie Kosteneffektivität ist angesichts der Gesamtumstände ein vertretbarer Ansatz, mit der Knappheit umzugehen.

Seine *Wirtschaftlichkeit* ist gegeben, denn selbst wenn man den nicht unbeträchtlichen Aufwand für seine Arbeit berücksichtigt – die durch ihn bewirkten Einsparungen dürften den Aufwand allemal übersteigen.

Ansonsten bleibt die Frage: Wenn nicht der BA, wer sonst sollte in den Leistungsanspruch eingreifen?

Die Budgetierung von Arznei- und Heilmitteln: Ist die medizinische Versorgung innerhalb der gesetzlichen Krankenkassen gesichert?

Professor Dr. Wolfgang Brech
Erster Vorsitzender der Kassenärztlichen Vereinigung Südwürttemberg
Mitglied im Vorstand der Kassenärztlichen Bundesvereinigung

Diese Vorlesungsreihe im Sommersemester 1999 steht unter dem Motto „Medizinische Versorgung in Zeiten knapper Kassen". Es haben sich inzwischen namhafte Referenten zu medizinischen, ökonomischen und wohl auch ethischen Aspekten dieses Themas geäußert, das gerade in diesen Wochen, wo sich eine intensive öffentliche Diskussion über den „Referentenentwurf eines Gesetzes zur Reform der gesetzlichen Krankenversicherung ab dem Jahr 2000" entzündet hat, von höchster Aktualität ist. Dabei bitte ich Sie, auf eine kleine semantische Nuance zu achten: Es heißt nämlich nicht „Reform des Gesundheitswesens" sondern „Reform der gesetzlichen Krankenversicherung". Gibt es also außerhalb der GKV ein anderes Gesundheitswesen, das dieser Reform nicht bedarf? Und ist es ethisch, nachdem diese Kategorie schon einmal in die Debatte geworfen worden ist, eine solche Unterscheidung zu treffen? Ich meine ja. Denn, was da zu reformieren ist – ist es denn überhaupt zu reformieren? Und in dieser Hektik? Dies ist eine andere Frage –, was also reformiert werden soll, sind die gesetzlichen Rahmenbedingungen einer solidarischen und nicht marktwirtschaftlichen, einer paritätischen und nicht auf Eigeninitiative aufgebauten Zwangsversicherung abhängig Beschäftigter, immerhin 90% unserer Bevölkerung, die über die Lohnnebenkosten eng mit der wirtschaftlichen Situation unseres Landes verbunden ist.

Dagegen scheint für das Gesundheitswesen an sich außerhalb der gesetzlichen Krankenversicherung ein solcher Reformdruck nicht zu bestehen, da es sich durch einen hohen Grad von Freiwilligkeit und Selbstverantwortlichkeit auszeichnet und seine Kosten nicht direkt in das sozialpolitische Gefüge unseres Staates eingreifen. Ob denn doch Reformnotwendigkeit hier besteht, ist ein medizinisches und nicht ein ökonomisches Problem.

Der Reformdruck der gesetzlichen Krankenversicherung ist also Ausdruck der Knappheit der Mittel und Reform entpuppt sich eher als Kostendämpfung, wie wir es bereits bei den letzten, in immer rascherer Folge verfügten Reformgesetzen vergangener Gesundheitsminister beobachten konnten. Die Knappheit der Mittel wirft andererseits die Frage ihrer Verteilung und natürlich auch die Frage möglicher Einsparungen auf. Diese werden postuliert und damit die Knappheit der Mittel zum Maßstab der medizinischen Versorgung gesetzt. Und hier beginnt der Konflikt mit der Ärzteschaft, insbesondere mit den niedergelassenen Vertragsärzten und jetzt auch mit den anderen Leistungsträgern des gesetzlichen Gesundheitssystems: Die medizinische Notwendigkeit ist es, der Versorgungsbedarf des einzelnen Patienten und der Gesellschaft, welche die hierfür notwendigen Ressourcen bestimmen müssen und nicht umgekehrt.

Medizinisch notwendiger Leistungsbedarf und Finanzvolumen müssen in einem Gleichgewicht stehen unter dem auch gesetzlich fixierten Kriterium der Angemessenheit und den bekannten Definitionen der §§ 2 und 12 des SGB V einer ausreichenden, zweckmäßigen, wirtschaftlichen, das Maß des Notwendigen nicht überschreitenden, den anerkannten Stand der medizinischen Erkenntnisse berücksichtigenden und den medizinischen Fortschritt realisierenden Versorgung. Knappheit der Mittel bedeutet jedoch immer auch Knappheit der Leistung, insbesondere angesichts eines rasanten medizinischen Fortschritts. Ein höherer Leistungsbedarf erfordert, um das Gleichgewicht des Systems zu erhalten, auch höheren Finanzbedarf, es sei denn, andere Leistungen werden verzichtbar oder Eigenverantwortlichkeit und Eigenfinanzierung stellen das Gleichgewicht wieder her.

Die politische Vorgabe eines festen Finanzvolumens, die gesetzliche Forderung nach Beitragssatzstabilität oder ein Globalbudget, was keineswegs das Gleiche ist, unterwerfen jedoch das medizinisch Notwendige entweder einer Rationalisierung, was auch Leistungsverminderung oder Leistungsvorenthalt bedeutet, oder einer Rationierung. Rationalisierung heißt Unterlassen des Überflüssigen, im medizinischen Bereich auch des Wohltuenden, des Komforts, des nicht unbedingt Erforderlichen, wohl aber Wünschbaren. Rationieren bedeutet Unterlassen einer notwendigen Leistung.

Damit mündet die Diskussion in einen Konflikt, den wir Ärzte zur Zeit in heftigster Weise mit den politisch Verantwortlichen ausführen, über das Vorhandensein von Rationalisierungsreserven und mündet auch in eine ethische Dimension: Dürfen Leistungen verweigert werden? Vom rechtlichen Standpunkt aus gesehen, machen sich Krankenkassen und Politik diese Frage leicht: Der Arzt muss innerhalb der gesetzlichen Krankenversicherung eine notwendige Leistung für einen Versicherten auch dann erbringen, wenn die hierzu notwendigen Ressourcen fehlen oder wenn die Honorierung der Leistung unterbewertet ist. Einen diesbezüglichen gegenteiligen Passus im Honorarverteilungsmaßstab der Kassenärztlichen Vereinigung Nordrhein hat kürzlich das Aufsichtsministerium nicht gestattet, was schließlich auch durch das Sozialgericht bestätigt wurde.

Ethik in der Medizin und Ökonomie bilden jedoch bei Verknappung der Ressourcen einen Widerspruch, ein Konfliktpotential, das gesellschaftspolitisch, nicht aber auf der individuellen Arzt-Patienten-Ebene gelöst werden muss.

Die gesetzliche Krankenversicherung hat in Deutschland ein finanzielles Volumen von circa 250 Mrd. DM. Dies entspricht einem gigantischen Wirtschaftsunternehmen. Es wird beherrscht von einigen wenigen Strukturen, nämlich den Krankenkassen mit den unwahrscheinlich großen Machtpotentialen von AOK und Ersatzkassen auf der einen Seite und der Ärzteschaft, organisiert in Kammern und Kassenärztlichen Vereinigungen, der Krankenhausgesellschaft und der pharmazeutischen und medizinisch-technischen Industrie auf der anderen Seite. Trotz dieser gewaltigen Finanzmenge ist die heutige Situation geprägt von einer Ressourcenknappheit, wie wir sie in den siebziger und achtziger Jahren nicht gekannt haben. Insbesondere die Finanzierung des Systems durch den Arbeitnehmer, also den Versicherten selbst, auf der einen Seite und den Arbeitgeber auf der anderen Seite unterwirft das System unserer gesetzlichen Krankenversicherung einem ökonomischen Postulat und macht seine Prosperität abhängig von Lohnnebenkosten, also von wirtschaftlichen Größen, welche an und für sich mit dem Anspruch der Notwendigkeit und der Effizienz einer medizinischen Versorgung nichts zu tun haben. So wurde das System an die Entwicklung der Grundlohnsumme der abhängig beschäftigten Bevölkerung angekoppelt und die Beitragssatzstabilität bereits unter Minister Seehofer zum integralen, ja prädominanten Bestandteil der sozialen Gesetzgebung.

Die verschiedenen Gesundheitsleistungen der gesetzlichen Krankenversicherungen können in verschiedene Sektoren aufgeteilt werden, welche deren prozentualen Anteil an den Gesamtressourcen beschreiben. So nahmen etwa von diesem „Kuchen“ in Westdeutschland im Jahr 1997 die Krankenhäuser 34,6%, die ärztlichen Honorare 17,4% und die Arzneimittel 13,9% in Anspruch. Diese prozentuale Verteilung hat in den letzten Jahren eine unterschiedliche Dynamik entwickelt. So ist der Kostenanteil der Krankenhäuser in den vergangenen acht bis zehn Jahren um mehr als drei Prozentpunkte angestiegen, derjenige der ambulanten ärztlichen Behandlung um drei bis vier Prozentpunkte zurück gegangen. Der Anteil der Arzneimittelkosten sank in Westdeutschland von 15,3% im Jahr 1992 auf 11,7% im Jahr 1997 und in Ostdeutschland von 16,4% auf 13,3%. Das Dogma der Beitragssatzstabilisierung und die damit verbundene globale Budgetierung der Gesamtkosten der gesetzlichen Krankenversicherung bedingt die Entwicklung sektoraler Egoismen, indem nämlich jeder Bereich das ihm zugewiesene Finanzvolumen erhalten möchte, ja darüber hinaus versuchen wird und auch versuchen muss, zusätzliche notwendige Ressourcen aus benachbarten Bereichen zu gewinnen, da von außen zusätzliche Finanzmittel nicht einfließen können. So wird es etwa dem ambulanten Versorgungsbereich nur dann möglich sein, zusätzliche Finanzmittel zu gewinnen, wenn er Einsparungen im ambulanten Bereich oder bei der Versorgung mit Arznei- und Heilmitteln realisieren kann. Zu der Schnittstellenproblematik der medizinischen Leistungen, etwa zwischen dem stationären und dem ambulanten Sektor, gesellt sich damit auch ein ökonomischer Konflikt. Dies entwickelte sich zwangsläufig so, insbesondere seitdem bestimmte Leistungsbereiche einer sektoralen Budgetierung unterzogen worden sind, etwa die Ausgaben für Arzneimittel und Heilmittel, die Ausgaben für ärztliche Behandlung und neuerdings auch für das Krankenhaus, allerdings nur in bedingtem Ausmaß. Die in ihrem Sektor gefangenen Leistungserbringer würden sich also ökonomisch richtig verhalten, wenn sie Leistungen aus dem eigenen in den Nachbarbereich auslagern würden, etwa durch die Einweisung von Patienten in die stationäre Behandlung oder umgekehrt. Andererseits müßten etwa die niedergelassenen Ärzte zusätzliche Ressourcen aus dem Krankenhaus reklamieren, wenn sie von dort Leistungen übernommen haben. Letzteres geschah in sehr großem Ausmaße durch die zunehmende Niederlassungsdichte hochspezialisierter Fachärzte, welche frühere Krankenhausleistungen ambulant durchführen, durch die Verringerung der Liegezeiten und durch die Übernahme ambulanter Rehabilitation.

Es wurden die Devisen ausgerufen:

- „soviel ambulant wie möglich, sowenig stationär wie nötig“ und

- „Geld muss der Leistung folgen“,

was bisher jedoch nur Lippenbekenntnis, nie aber Realität geworden ist.

Andererseits entwickelten die Krankenkassen die Idee von kombinierten Budgets, welche etwa die finanziellen Ressourcen der ärztlichen ambulanten Behandlung und der Arznei- und Heilmittelausgaben miteinander verschmelzen lassen, so dass Einsparungen bei Arzneimitteln automatisch Honorar im ärztlichen Bereich generieren. Ähnliche Systeme wurden in Bezug auf das Krankenhaus entwickelt, wobei durch intensive ambulante Behandlung und ärztliche Präsenz rund um die Uhr Krankenhauseinweisungen vermieden und entsprechende Einsparungen erzielt werden sollten. Auf diesem Prinzip beruhen grundsätzlich die vernetzten Praxen und auch die jetzt im Referentenentwurf der Regierungskoalition festgeschriebene Integrationsversorgung. Die bisher diesbezüglich eingeführten Modellversuche sollten diese Idee realisieren, konnten aber bis heute noch nicht die erwarteten Einsparmöglichkeiten nachweisen.

Ich hielt es, meine sehr verehrten Damen und Herren, für notwendig, diesen theoretischen und politischen Hintergrund vor Ihnen darzustellen, bevor ich mein eigentliches Thema für diesen Nachmittag aufgreife, nämlich:

Die Budgetierung von Arznei- und Heilmitteln: Ist die medizinische Versorgung innerhalb der gesetzlichen Krankenversicherung gesichert?

Die Arzneimitteltherapie gehört zu den wesentlichsten ärztlichen Handlungen. Sie stellt seit Jahrhunderten eine der vordergründigsten Realisationen der Heilkunst dar. Neben dem Erkennen der Krankheit, der Diagnose, stellt das Wissen um die richtige Medizin eine gewissermaßen magische Gloriole des frühen arabischen und mittelalterlichen Arztes dar, die sich seit der Aufklärung im 18. und 19. Jahrhundert immer mehr versachlicht hat und heute durch die Kenntnis einer chemischen Struktur und einer durch sie ausgelösten biochemischen Reaktion einer objektivierbaren und messbaren Wissenschaft gewichen ist.

Trotzdem besteht im Umkreis des Pharmakons noch eine Interaktion zwischen der chemisch definierten Reaktion und dem Körper, der Person, ja dem psychischen Verhalten des Patienten, die sich der messbaren Wissenschaft entzieht. So ist die Arzneimitteltherapie ebenso wie die Arzneimittelreaktion am Patienten ein komplexes Ereignis aus ärztlichem Wissen, ärztlicher Kunst und somatischer, ebenso wie psychischer Antwort des Kranken auf einen gezielten Eingriff in seine körperliche Integrität. Dies bedeutet, dass es nicht gleichgültig ist, wer den genauen Inhalt einer Rezeptur schließlich verfügt, da sich im Bewusstsein des Patienten die Heilkunst seines Arztes in der äußeren Erscheinungsform des verordneten Pharmakons materialisiert, was sich sowohl auf die Verpackung eines Medikamentes als auch auf das letztendliche Aussehen der Tablette oder Kapsel bezieht.

Die Arzneimitteltherapie beinhaltet also sowohl eine wissenschaftliche als auch eine suggestive Komponente, worauf auch der Effekt des Placebos zurückgeführt werden kann. In der heutigen Zeit knapper Ressourcen wurde immer mehr die rein wissenschaftlich messbare Argumentation bei der Verordnung von Arzneimitteln in den Mittelpunkt und einer verzichtbaren „umstrittenen" Indikation gegenüber gestellt. Die Magie der Arznei wurde entmytologisiert, aber auch erkannt, dass die Droge Arzt, d.h. das ärztlichen Gespräch, gehaltvoller und effektiver sein kann als das Arzneimittel.

Gleichwohl stellt die Rationalisierung der Arzneimitteltherapie, also die Betonung der Ratio gegenüber der Magie, wenn ich das so nennen darf, einen Eingriff des Staates, der Krankenkassen und der Kassenärztlichen Vereinigungen als Körperschaften öffentlichen Rechts in die Arzt-Patienten-Beziehung dar, welcher einem Heilungsprozess durchaus abträglich sein kann, bzw. ein Umdenken ärztlicher Behandlungsstrategien erfordert.

In diesem Zusammenhang muss auch auf die Substitution eines Originalpräparates durch ein Generikum hingewiesen werden, also ein substanzgleiches Präparat eines Nachahmerherstellers, was objektiv richtig und auch ökonomisch notwendig ist, jedoch die Compliance des Patienten gefährdet, der „sein Medikament“ nicht unter dem generischen Namen sondern nach Aussehen und Beschaffenheit seiner Tablette kennt. Das komplizierte Gefüge von objektiver und subjektiver Arzneimittelwirkung wird dadurch zerstört, das Verhältnis zum Arzt gefährdet, da der Patient ihn dafür verantwortlich macht, wenn andere Arzneimittelwirkungen auftreten durch unterschiedliche Bioverfügbarkeit, unterschiedlich rascher Wirkungseintritt oder auch psychische Überlagerung, wenn ein anderes als das gewohnte Präparat abgegeben wird.

Gesundheitsstrukturgesetz: Arznei- und Heilmittelbudget 1993

Die Budgetierung von Arznei- und Heilmitteln gehörte zu den eingreifendsten Maßnahmen des Gesundheitsstrukturgesetzes von 1993, aber auch in den Augen der niedergelassenen Ärzte zu den umstrittensten, unterwarf sie doch die Ärzteschaft insgesamt einer kollektiven Haftung für Verordnungen, die dem Wohle dem Patienten gewidmet waren. Vorausgegangen war eine rasante Zunahme der Arzneimittelausgaben seit 1990, welche den ökonomischen Rahmen der gesetzlichen Krankenversicherung zu sprengen drohte. So waren die Arzneimittelausgaben im Jahr 1992, als ein Höhepunkt erreicht worden war, gegenüber dem Vorjahr um 14,1% angestiegen, auf eine Höhe von 33,5 Mrd. DM. Diese Zunahme betrug in den neuen Bundesländern sogar 42%, in den alten Bundesländern 9,8%. Dem Budgetierungsgedanken zugrunde lag die Annahme, dass Rationalisierungsreserven brach lagen. In der Tat betrug der Anteil der Generikaverordnungen 1992 lediglich 58,3%, ihr Umsatz lag bei 48,5% der generikafähigen Ausgaben. Die Diskussion über Bioverfügbarkeit und Bioäquivalenz generischer Präparate stand damals zwar noch auf ihrem Höhepunkt, entgegen den Beteuerungen der Apotheker erwiesen sich die Generika jedoch im allgemeinen von hoher Qualität, sofern ihr Einsatz nicht nur als Substitution sondern als Neueinstellung aufgefasst wurde. Die fast unübersehbare Flut von über 80.000 zugelassenen oder registrierten Arzneimitteln, die mangelhafte Qualität der Zulassungsverfahren ließen eine Revision des Arzneimittelmarktes notwendig erscheinen.

So kam es dann im Jahr 1993 infolge der Budgetierung zu einem Rückgang des Arzneimittelumsatzes um 4 Mrd. DM auf 29,5 Mrd. DM. Das Arzneimittelbudget, das sich in den alten Bundesländern nach den Ausgaben von 1991 richtete und im Jahr 1993 23,8 Mrd. DM betrug, wurde hier um 2 Mrd. DM unterschritten. Das heißt, die Ausgaben in den alten Bundesländern betrugen noch 21,6 Mrd. DM.

Angesichts dieses enormen Einsparungseffektes stellte sich die Frage, ob dies ohne Qualitätsverlust für die medizinische Versorgung der Bevölkerung geschehen konnte.

Bei näherer Analyse der Arzneimittelumsätze zeigte sich, dass in der Tat beträchtliche Rationalisierungsreserven mobilisiert werden konnten durch

- Konzentrierung der Verordnungen der Ärzte auf das Wesentliche,
- vermehrten Einsatz von Generika und
- Verzicht auf fragwürdige Präparate und Indikationen.

Dementsprechend waren auch die politischen Strategien der Kassenärztlichen Vereinigungen gegenüber der Budgetverpflichtung ausgerichtet. Als Beispiel nenne ich Ihnen die Leitgedanken der Kassenärztlichen Vereinigung Südwürttemberg:

1. Jede notwendige Therapie muss unverändert verordnet werden.
2. Jede Dauertherapie ist regelmäßig vor Neurezeptur auf ihre Validität zu überprüfen.
3. Originalpräparate sind durch Generika zu ersetzen, soweit diese preisgünstiger und in ihrer Qualität gesichert sind.
4. Bestimmungen der Arzneimittel-Richtlinien sind streng zu beachten.
5. Äußerste Zurückhaltung gilt bei Verordnungen im Bereich umstrittener Indikationen und bei geringfügigen Gesundheitsstörungen.

Was den letzt genannten Punkt betrifft, so wurde wohl zum ersten Mal eine breite Bevölkerung mit den Grenzen einer gesetzlichen Krankenversicherung unmittelbar konfrontiert, daß nämlich nicht alles, was wünschenswert ist oder der Linderung geringer Gesundheitsstörungen dient, einer solidarischen Finanzierung unterliegen kann, welche unter der gesetzlichen Prämisse der Beitragssatzstabilität steht.

Untersucht man die einzelnen Arzneimittelsektoren, in denen Einsparungen in den Jahren 1993 bis 1996 erzielt werden konnten, so erkennt man, dass diese in der Tat sogenannte umstrittene Indikationen oder Arzneimittel umstrittener Wirksamkeit betreffen. Von den 4,0 Mrd. DM, die im Jahr 1993 eingespart werden konnten, entfielen allein 3,2 Mrd. DM auf diese Indikationsgruppen. Es ist auch zu erkennen, dass sich die Umsatzrückgänge in zahlreichen Indikationsbereichen bis in das Jahr 1996 fortsetzten, die entsprechenden Daten für 1997 und 1998 liegen nicht vor. Im Jahr 1997 wurde die Veröffentlichung dieser Zahlen im Arzneimittel-Verordnungsreport gerichtlich untersagt.

Andererseits wurden Verordnungszunahmen in anderen notwendigen Indikationen gesehen, nämlich bei Antidiabetika, Schilddrüsenpräparaten, Corticoiden, Antibiotika, Chemotherapeutika, ACE-Hemmern und Sexualhormonen.

Darüber hinaus wurde die Verordnung von Generika intensiviert. Im Jahr 1997 haben die Zweitanmelderpräparate im generikafähigen Bereich 64,1% des Umsatzes und 68,8% der Verordnungen erreicht. Dabei wurden durch Verordnung von Generika im Jahr 1997 insgesamt 2,4 Mrd. DM eingespart. In diesem Marktsegment von insgesamt 16,2 Mrd. DM werden heute bei 100%-iger Ausschöpfung, was natürlich nie möglich sein wird, insgesamt noch Reserven von 2,7 Mrd. DM vermutet. Hierbei ist einschränkend zu sagen, dass eine ganze Reihe von Wirkstoffen bereits heute ein Generikaanteil von 90 bis 100 Prozent erreicht haben. Die vom Arzneimittelreport und den Krankenkassen vermuteten Rationalisierungsreserven sind hier also zumindestens 1997 und wohl auch 1999 weitgehend ausgeschöpft.

Man wird also auf den ersten Blick sagen können, dass die hohen Einsparungen im Arzneimittelbereich zumindestens im Jahr 1993 ohne wesentlichen Qualitätsverlust realisiert werden konnten. Die Richtigkeit dieser Aussage setzt allerdings voraus, dass man Begriff und Definition von „umstrittenen Arzneimitteln" anerkennt. Dies kann jedoch nicht allgemein angenommen werden. Im Mittelpunkt für die pharmakologisch therapeutische Beurteilung von Arzneimitteln steht deren therapeutische Wirksamkeit im Sinne einer überprüfbaren statistischen wissenschaftlichen Aussage, der therapeutische Nutzen auch gegenüber unerwünschten Nebenwirkungen und ihre Unbedenklichkeit. Die therapeutische Wirksamkeit ist in der Tat bei einer Vielzahl von Arzneimittelzubereitungen auf dem deutschen Markt nicht erwiesen. Ich erinnere an die ca. 20.000 sogenannten 2004-Präparate, die bisher nur registriert sind und noch keine strengen Zulassungsverfahren durchlaufen haben. Homöopathische und anthroposophische Arzneimittel entziehen sich bereits per definitionem einem Wirksamkeitsnachweis, da ihr Einsatz mehr einer Philosophie als wissenschaftlicher Erkenntnis entspringt. Auch eine Reihe von pflanzlichen Arzneimitteln ist hier zu nennen, obwohl Phytopharmaka prinzipiell einem pharmakologisch wissenschaftlichen Nachweis unterliegen können.

Betrachtet man die Gruppe der umstrittenen Arzneimittel insgesamt, so erkennt man, dass hier eine ganze Reihe von Arzneimitteln, bzw. Indikationsbereiche genannt sind, auf deren Einsatz eigentlich nicht verzichtet werden kann. So können Antitussiva und Expektoranzien durchaus erforderlich sein, ebenso wie Hämorrhoidenmittel, Wundbehandlungsmittel und dergleichen. Es ist auch erkennbar, dass die Autoren des Arzneimittel-Verordnungsreports nicht die gesamte Indikationsgruppe dem Verdikt der Umstrittenheit unterworfen haben, so sind z.B. bei den Vitaminen nur 25% erfasst, von den Venentherapeutika jedoch annähernd 100%.

Man kann weiterhin erkennen, dass die Umstrittenheit sich vielfach nicht nur auf das Arzneimittel bezieht, sondern auf die Indikation und diese Indikation bezieht sich dann in der Regel auf „geringfügige Gesundheitsstörungen", ein Begriff, der ebenfalls in das Fünfte Sozialgesetzbuch eingeführt worden ist. Hier berühren wir einen Bereich einer Behandlung, bei der sehr wohl Symptome eines Krankseins oder eines Missempfindens vorhanden sind, diese sich jedoch wegen ihrer Geringfügigkeit einer Finanzierung durch eine gesetzliche Krankenversicherung entziehen.

Diese Aussagen sind einfach nachzuvollziehen, soweit sie sich auf den § 34 SGB V beziehen, zumindestens auf den Absatz 1. Hier ist ausgeführt:

> „Für Versicherte, die das 18. Lebensjahr vollendet haben, sind ... bei Verordnung in den genannten Anwendungsgebieten ausgeschlossen:
>
> 1. Arzneimittel zur Anwendung bei Erkältungskrankheiten und grippalen Infekten einschließlich der bei diesen Krankheiten anzuwendenden Schnupfenmittel, Schmerzmittel, hustendämpfenden und hustenlösenden Mittel.
> 2. Mund- und Rachentherapeutika, ausgenommen bei Pilzinfektionen.
> 3. Abführmittel.
> 4. Arzneimittel gegen Reisekrankheit."

Im Absatz 2 dieses Paragraphen wird dem Gesundheitsminister anheim gestellt, eine Liste von Arzneimitteln aufzustellen, „die ihrer Zweckbestimmung nach üblicherweise bei geringfügigen Gesundheitsstörungen verordnet werden". Dies würde eine Vielzahl der als „umstritten" klassifizierten Arzneimittel betreffen. Der Bundesminister für Gesundheit hat es jedoch wohl aus Respekt vor der pharmazeutischen Industrie bisher nicht gewagt, eine solche Liste zu veröffentlichen, so dass diese Definition der geringfügigen Gesundheitsstörung bzw. der Umstrittenheit einer Indikation allein in die Verantwortlichkeit des Arztes gelegt ist.

Schließlich ist im 3. Absatz des Paragraph 34 die sogenannte Negativliste definiert, also Arzneimittel, die als unwirtschaftlich anzusehen sind. Auch diese befinden sich unter der Klassifikation „umstritten" des Arzneimittel-Verordnungsreports. Eine Aktualisierung dieser Liste ist dringend erforderlich.

Es zeigt sich nun, dass eine ganze Reihe von Arzneimitteln der umstrittenen Kategorie in der hausärztlichen Praxis unverzichtbar sind, etwa wenn es sich um Behandlungen von Oberbauchbeschwerden, von Hämorrhoiden oder von Neuropathien handelt. Insofern gewinnen nicht mehr die Arzneimittel dieser Liste sondern die Liste selbst das Kriterium der Umstrittenheit.

So zeigte es sich denn auch in den Folgejahren, dass die Verordnungsrückgänge in dieser Arzneimittelgruppe, die 1993 noch 19,5% betragen hatten, nicht haltbar waren. 1994 waren diese Arzneimittel um weitere 4,2% zurückgegangen, im Jahr 1995 wieder um 4,5% angestiegen. Insgesamt kann man aber feststellen, dass die Umsätze der umstrittenen Arzneimittel von 1981 bis 1997 bis zum Jahr 1992 einen kontinuierlichen Anstieg, dann aber einen drastischen Abfall erfahren hatten. Betrachtet man dieses Arzneimittelsegment prozentual gegenüber dem Gesamtarzneimittelmarkt, so kann man erkennen, dass ihr Anteil 1991 noch 41% betragen hatte, 1997 aber bis auf 16% abgefallen ist. Somit kann man davon ausgehen, dass auch in diesem Segment die Rationalisierungsreserven weitgehend erschöpft sind.

Budgetüberschreitung 1995 – Arzneimittelsituation im Herbst 1996

Im Herbst 1996 präsentierten die gesetzlichen Krankenkassen den niedergelassenen Ärzten eine „Schlussrechnung" über die Arzneimittelausgaben des Jahres 1995 mit einem bundesweiten Überschreitungsvolumen der jeweiligen Arzneimittelbudgets von 870 Mill. DM. Betroffen waren hiervon nicht alle Kassenärztlichen Vereinigungen. In den fünf KVen aber, in denen die Arzneimittelausgaben überschritten worden waren, konnte eine Regresssumme von 8.000,00 DM bis 36.000,00 DM pro Arzt errechnet werden, während das bundesweite Arzneimittelbudget nur zu 94,8% ausgeschöpft war.

Begleitet wurde diese Mitteilung von Hochrechnungen des Bundesministeriums für Gesundheit mit dem Ergebnis, dass im Jahr 1996 bei gleichbleibendem Verordnungsverhalten der Ärzte bundesweit eine Budgetüberschreitung von 4,8 Mrd. DM zu erwarten wäre. Die sich schließlich errechnende Regresssumme wurde vom Bundesminister Seehofer, sofern sie sich denn bestätigen würde, auch gefordert, eine Forderung, der sich übrigens auch SPD und die Grünen/Bündnis 90 anschlossen, unterstützt mit Nachdruck von den Krankenkassen, die verlauten ließen, „die Selbstverwaltung habe die vorhandenen Instrumente zur Ausschöpfung der Wirtschaftlichkeitsreserven nicht genutzt".

In einem Brief an die Bundesverbände der Krankenkassen aus dem Bundesministerium für Gesundheit schrieb Ministerialdirektor Dr. Zipperer: „Nach den gesetzlichen Vorschriften sind die Kassenärztlichen Vereinigungen verpflichtet, die das geltende Budget überschreitenden Ausgaben auszugleichen. Diese gesetzliche Verpflichtung besteht ungeachtet der bei der Ermittlung der Ist-Ausgaben eingetretenen Datenprobleme. Das Bundesministerium für Gesundheit wird gegenüber den Aufsichtsbehörden darauf drängen, dass Überschreitungen der Arznei- und Heilmittelbudgets entsprechend den gesetzlichen Vorgaben ausgeglichen werden, auch wenn mit gravierenden Auswirkungen auf die Höhe der Gesamtvergütung in den einzelnen Kassenärztlichen Vereinigungen gerechnet werden muss." Und an anderer Stelle schrieb Herr Dr. Zipperer, die Krankenkassen sollten darauf drängen, daß im Verordnungsverhalten der Ärzte „tiefgreifende Veränderungen eintreten" und „kurzfristig wirksame Einsparmaßnahmen" realisiert würden.

Durch erneute Sparappelle der Kassenärztlichen Vereinigungen an die Ärzteschaft und ein Notprogramm der Kassenärztlichen Bundesvereinigung konnten die Verordnungszahlen noch im November und Dezember 1996, aber auch in den ersten Monaten des Jahres 1997 deutlich zurückgefahren werden. Es wurden Leitlinien zur rationalen und sparsamen Verordnung von Heilmitteln und von Arzneimitteln konzipiert mit dem Ziel, Prioritäten zu definieren und angesichts begrenzter Finanzmittel nicht prioritäre Bereiche auszugliedern. Dies führte zu massiven Protesten von Seiten der Pharmaindustrie und der Physiotherapeuten im Heilmittelbereich, die nicht nur in Demonstrationen auf der Straße sondern auch in einer Beschwerde bei dem zuständigen Landesministerium in Baden-Württemberg gipfelten. Die Aussagen der KBV und einzelner Kassenärztlicher Vereinigungen zur Wertigkeit einer Arzneimitteltherapie und gezielte Vorschläge zu Einsparmöglichkeiten wurden durch einstweilige Verfügungen der Gerichte, bewirkt von der Pharmaindustrie, vereitelt. Immerhin aber konnte auch der Bevölkerung vermittelt werden, dass es zu Zeiten begrenzter Ressourcen Grenzen der solidarischen Finanzierung geben muss. Dank einer intensiven Öffentlichkeitsarbeit konnten wir z.B. in Südwürttemberg eine relativ hohe Akzeptanz in diesem Bereich erzielen. Wir erfuhren dabei auch Unterstützung von den Landesverbänden der gesetzlichen Krankenkassen, die jedoch nicht einheitlich war, insbesondere traten immer wieder große Schwierigkeiten bei den Bezirksstellen einiger Krankenkassen auf, wo man die Versicherten nach wie vor darauf hinwies, dass die Krankenkassen die Kosten aller zugelassenen Medikamente problemlos übernehmen würden, der Arzt müsse sie nur rezeptieren. Dies führte zu erheblichen Konflikten, da diese Aussagen in den Augen der Ärzteschaft unlauter sind, nachdem sich die Krankenkassen nicht scheuten, bei Budgetüberschreitung die Ärzteschaft insgesamt in Regress zu nehmen.

Auch von politischer Seite fehlte die Unterstützung für das Sparprogramm der Ärzteschaft. Auf der einen Seite wurde sie der Unwirtschaftlichkeit geziehen, insbesondere im Hinblick auf die sogenannten umstrittenen Arzneimittel, auf der anderen Seite bemüßigten sich die Politiker, ihre Wähler darauf hinzuweisen, dass für den einzelnen Arzt ja gar kein individuelles Budget bestünde und somit alle zugelassenen Arzneimittel verordnet werden könnten. Es ist nicht verwunderlich, dass diese Doppelzüngigkeit von Politik und Krankenkassen den Zorn der Ärzteschaft angesichts der Ungeheuerlichkeit der Budgetierung und der Kollektivhaftung an sich weiter anheizte.

Rechtliche Aspekte der kollektiven Budgethaftung

In § 84 SGB V Abs. 1 hatte der Gesetzgeber bisher lapidar festgestellt:

> „Übersteigen die Ausgaben für Arznei-, Verband- und Heilmittel das vereinbarte Budget, stellt die Kassenärztliche Vereinigung sicher, dass durch geeignete Maßnahmen der übersteigende Betrag gegenüber den Krankenkassen ausgeglichen wird... Soweit dieser Ausgleich nicht erfolgt, verringern sich die Gesamtvergütungen um den übersteigenden Betrag.“

Im Solidaritätsstärkungsgesetz 1999 wurde dieser Absatz etwas verändert, in seiner Härte jedoch nicht zurück genommen, so heißt es nun:

> „Übersteigen die Ausgaben für Arznei-, Verband- und Heilmittel das vereinbarte Budget, verringern sich die Gesamtvergütungen um den übersteigenden Betrag, begrenzt auf fünf vom Hundert des Budgets. Der Ausgleich muss bis zum 31. Dezember des zweiten auf den Budgetzeitraum folgenden Jahres abgeschlossen sein.“

Dies bedeutet, dass sämtliche Vertragsärzte mit ihren Honoraren für das Verordnungsvolumen an Arznei-, Verband- und Heilmitteln haften müssen, unabhängig von ihrer eigenen Verordnungstätigkeit. Nachdem eine Überschreitung des Budgets von der Gesamtvergütung der Vertragsärzte abgezogen wird, resultiert daraus eine Verminderung des Punktwertes für die ärztlichen Leistungen, so dass nicht nur alle Ärzte davon betroffen sind, sondern vornehmlich diejenigen, die besonders hohe Praxisumsätze erzielt haben. Dies führt zu der absurden Situation, dass gerade solche Arztgruppen, die in der Regel überhaupt keine Verordnungen ausstellen, die höchsten Honorareinbußen tragen müssen, wie etwa die Laborärzte, Röntgenärzte, Pathologen. Beispielhaft wurde dies für die KV Südwürttemberg berechnet mit der Annahme einer Budgetüberschreitung von 5% im Jahr 1995, was auch tatsächlich so eingetreten war. Man kann erkennen, dass hierdurch der Punktwert von 8,4 Pfennige auf 8,0 Pfennige absinken würde, was die Allgemeinärzte durchschnittlich mit DM 3.376,00 belasten würde, die Radiologen mit DM 10.783,00 und die Laborärzte mit DM 48.677,00. Wenn man bedenkt, dass 70% aller Verordnungen im hausärztlichen Bereich geschehen, erkennt man die Zumutung, die eine solche kollektive Budgethaftung für manche Arztgruppen bedeutet, insbesondere wenn man über ein Sozialgericht gezwungen wird, die Regresse verursacherbezogen den einzelnen Fachgruppen zuzuordnen.

Die juristische Wertung dieses Problems ist uneinheitlich und sollte nicht im einzelnen dargelegt werden. Betonen möchte ich lediglich, dass die Ärzteschaft immer darauf hingewiesen hat, dass sie nicht in der Lage ist, eine ausreichende Budgetsteuerung durchzuführen, da die entsprechenden arztbezogenen Verordnungsdaten nicht rechtzeitig zur Verfügung stehen. So wurden solche Daten für 1995 erst Ende 1996 bekannt, die arztbezogenen Verordnungsdaten von 1997 liegen uns bis zum heutigen Tag noch nicht vor. Dieses wesentliche Argument der Ärzteschaft gegen eine kollektive Budgethaftung wurde jedoch jetzt im Solidaritätsstärkungsgesetz 1999 dadurch entkräftet, dass die Verpflichtung zur Lieferung von arztbezogenen Verordnungsdaten durch die Krankenkassen aus dem Gesetzestext gestrichen wurde.

Gegen die Gesamtvergütungskürzungen wurden in einem Gutachten von Prof. Dr. Friauf verfassungsrechtliche Bedenken geltend gemacht. Er kommt zu dem Ergebnis, dass schon die Ausgleichspflicht der KVen und damit auch die Möglichkeit der gesamten Vergütungskürzungen verfassungswidrig sei, denn das Budget führe zu unzulässigen Sonderabgaben der Kassenärzte. Die Ausgleichspflicht einer KV bei Überschreitung des Arzneimittelbudgets obliege als Definitivbelastung nicht der KV als solcher, sie müsse vielmehr an die einzelnen Vertragsärzte weitergegeben werden. Diesen gegenüber wirke sie bei der gebotenen materiellen Betrachtung als Sonderabgabe im Sinne der Rechtsprechung des Bundesverfassungsgerichts. Die für die Zulässigkeit der Erhebung von Sonderabgaben geltenden verfassungsrechtlichen Voraussetzungen seien nicht erfüllt. Außerdem liege ein Verstoß gegen das allgemeine Grundrecht der Berufsfreiheit und gegen den Gleichheitsgrundsatz vor.

Der Gesetzgeber hatte jedoch bereits im Jahre 1993 die Möglichkeit, von arztgruppenspezifische Arzneimitteln-Richtgrößen postuliert und im NOG II 1997 verfügt, dass durch die Einführung von Richtgrößen das Arznei- und Heilmittelbudget abgelöst werde. Diese an und für sich sinnvolle Regelung wurde von der jetzigen Bundesregierung wieder zurückgenommen und durch die im Solidaritätsstärkungsgesetz für 1999 verpflichtend verfügte Einführung von nicht budgetablösenden Arzneimittel-Richtgrößen der Kollektivhaftung der Ärzteschaft noch eine Individualhaftung des einzelnen Arztes zugefügt.

Durch die im Solidaritätsstärkungsgesetz für 1999 verpflichtend verfügte Einführung von Arzneimittel-Richtgrößen wird also der Kollektivhaftung der Ärzteschaft noch eine Individualhaftung des einzelnen Arztes zugefügt, so dass die Möglichkeit eines doppelten Regresses besteht. Hiergegen wird die Kassenärztliche Bundesvereinigung Verfassungsklage einlegen.

Arzneimittel-Richtgrößen

Arzneimittel-Richtgrößen waren bereits im Gesundheitsreformgesetz 1989 verankert. Es haben jedoch bis zum heutigen Tag die Gesetzestexte eine bemerkenswerte Präzisierung und Änderung erfahren. Nach dem GRG von 1989 hatte es geheißen, die Vertragspartner „vereinbaren" Richtgrößen. Dies wurde im Jahr 1992 im

Gesundheitsstrukturgesetz wiederholt und Richtgrößen zur Aussetzung des Arzneimittelbudgets nahegelegt: Die Vertragspartner können Richtgrößen vereinbaren. Das zweite NOG vom 01.07.1997 formuliert imperativ: Die Vertragspartner „haben zu vereinbaren" und ergänzend wird hinzugefügt, dass diese Richtgrößen das Arzneimittelbudget ablösen. Es war schwierig, diese Grundidee auch bei einer Bundesempfehlung zur Bildung von Richtgrößen gegenüber den Spitzenverbänden der gesetzlichen Krankenkassen durchzusetzen. Diese versuchten stattdessen, budgetbegleitende Richtgrößen verbindlich zu machen, wogegen sich die Ärzteschaft erfolgreich zur Wehr setzen konnte.

Im Solidaritätsstärkungsgesetz von 1999 konnten sich jedoch die Krankenkassen mit diesem Grundsatz durchsetzen. In § 84 Abs. 3 heißt es:

> „Für die Wirtschaftlichkeitsprüfungen nach § 106 vereinbaren die Vertragspartner nach Abs. 1 einheitliche arztgruppenspezifische Richtgrößen für das Volumen der je Arzt verordneten Leistungen insbesondere von Arznei-, Verband- und Heilmitteln."

Und im begründenden Text heißt es:

> „Die durch das zweite GKG-Neuordnungsgesetz vorgesehene Ablösung der Arznei-, Verband- und Heilmittelbudgets durch Richtgrößenvereinbarungen wird rückgängig gemacht. Die Richtgrößen für Arznei-, Verband- und Heilmittel erhalten wieder ihre Funktion eines flankierenden Steuerungsinstrumentes für die Arznei-, Verband- und Heilmittelbudgets: Bei einer Überschreitung der Richtgrößen um mehr als 15 v.H. werden Wirtschaftlichkeitsprüfungen der ärztlichen Verordnungsweise durchgeführt."

Die Verneinung eines budgetablösenden Charakters für Richtgrößen bedingt zwei rechtlich sicherlich äußerst relevante Konsequenzen, die in Ihren Kreisen gewiss noch vertiefend diskutiert werden müssen:

1. Der Arzt unterliegt einer doppelten Haftung für die Arznei- und Heilmittelausgaben: Individuell durch seine arztgruppenspezifische Richtgröße und kollektiv durch das Arzneimittelbudget seiner Kassenärztlichen Vereinigung. Dies kann dazu führen, dass ein kollektiver Regress durch Punktwertabsenkung für alle ärztlichen Leistungen zu befriedigen ist und der Arzt zusätzlich bei Überschreitung seiner eigenen Richtgröße zu Regresszahlungen gezwungen wird.

2. Nach Abschluss der individuellen Richtgrößenprüfungen aller Ärzte durch die Prüfungsausschüsse und Akzeptanz eventueller Richtgrößenüberschreitungen aufgrund von Praxisbesonderheiten ist davon auszugehen, dass das Ärztekollektiv einer Kassenärztlichen Vereinigung wirtschaftlich verordnet hat. Trotz-

dem kann das Gesamtbudget der KV überschritten sein. Die Ärzte würden dann kollektiv für eine anerkannte und notwendige Arzneimitteltherapie haften und dies aus ihren eigenen Honoraren finanzieren.

Es ist daher unabdingbare Forderung der Ärzteschaft, dass Richtgrößen immer das Budget ablösen müssen. Als solche können sie durchaus auch einen qualitativ steuernden Einfluss auf die Arzneimitteltherapie gewinnen. Es gibt daher eine ganze Reihe von Gründen, budgetablösende Richtgrößen zu befürworten:

- Die Beendigung der drohenden Entsolidarisierung der Ärzteschaft. Durch die strengen Sparzwänge, denen die Ärzte bei ihren Verordnungen von Arznei- und Heilmitteln unterworfen sind, muss es zu Verordnungsverweigerungen kommen. Dies führte insbesondere im hausärztlichen Bereich dazu, dass sich Patienten denjenigen Praxen zuwandten, in welchen eine großzügigere Verordnungstätigkeit gepflogen wurde. Diese Patientenwanderungen waren für den einzelnen Arzt umso schwerwiegender, als die Patientenzahlen ohnehin rückläufig waren. Unterstützt wurden sie noch durch Hinweise in Apotheken und Aussagen an Kassenschaltern, der Patient möge sich doch bei einer Verordnungsverweigerung an bestimmte andere Ärzte wenden. Dies musste natürlich zur Entsolidarisierung unter der Ärzteschaft führen, aus dem Rezeptblock wurde ein Marketinginstrument. Dieser Konflikt konnte innerhalb der ärztlichen Selbstverwaltung nicht reguliert werden und dürfte nur durch die Einführung von individuellen arztgruppenbezogenen Richtgrößen lösbar sein. Dabei sind wir uns bewusst, dass die individuelle Richtgröße für den einzelnen Arzt ein wesentlich schärferes Instrument der Wirtschaftlichkeitsprüfung und der Reglementierung bedeutet als ein allgemeines Arzneimittelbudget.

- Eine budgetablösende Richtgröße würde die in den Augen der Ärzteschaft rechtswidrige und das Selbstbewusstsein der Ärzte verletztende Kollektivhaftung beenden.

- Durch die Möglichkeit des Widerspruchs eines Arztes gegen eine Regressverfügung durch den Prüfungsausschuss und durch die Berücksichtigung von Praxisbesonderheiten ist es möglich, die Individualität einer Arztpraxis zu wahren und insbesondere innovative und teure Arzneimittelstrategien zu realisieren.

- Dies würde dann auch dazu führen, dass echte Arzneimittelinnovationen nicht durch die Budgetgrenzen behindert werden.

- Schließlich besteht die Möglichkeit, die Arzneimittel-Richtgrößen und die damit verbundenen Verfahren durch ein Schiedsgericht zu beeinflussen, was eine gewisse Neutralität in den Prozess einbringt.

- Insgesamt würde die Festsetzung solcher Richtgrößen zumindest partiell das Morbiditätsrisiko an die Krankenkassen zurückverlagern.

In Wirklichkeit sind diese Prämissen jedoch nicht gewährleistet. Durch die budgetbegleitenden, sehr stringenten Richtgrößen bleibt das Morbiditätsrisiko voll bei den Kassenärzten und wird eine innovative, den medizinischen Fortschritt berücksichtigende Arzneimitteltherapie behindert.

Richtgrößen sind arztgruppenspezifisch zu vereinbaren. Es sind jedoch keine Daten verfügbar, welche den qualifizierten Arzneimittelbedarf einer Fachgruppe beziffern, geschweige denn, diesen nach Altersklasse einer Fachgruppe zuordnen könnten. Im Heilmittelbereich ist die Datenlage noch wesentlich schlechter. Es muss daher bei der Festsetzung von Richtgrößen auf die verfügbaren, jedoch in ihrer Verlässlichkeit außerordentlich fragwürdigen Rechnungsgrundlagen der Arzneimittelkostenstatistiken zurückgegriffen werden, um alleine den prozentualen Anteil einer Fachgruppe an den gesamten Arzneimittelausgaben einer Kassenärztlichen Vereinigung zu ermitteln. Aus diesem prozentualen Anteil und der dazugehörigen Fallzahl der Fachgruppe kann dann schließlich eine Richtgröße über die betroffene Fachgruppe errechnet werden, welche dem Arzneimitteldurchschnitt dieser Fachgruppe entspricht. Durch einen solchen Mechanismus ist es jedoch nicht möglich, eine qualitative Steuerung der Arzneimitteltherapie zu erreichen. Der Arzneimitteldurchschnitt bezieht sich nämlich sowohl auf Arztpraxen mit niedrigen Arzneimittelkosten, also z.B. bei schwerpunktmäßiger homöopathischer oder phytotherapeutischer Ausrichtung, als auch auf Praxen mit einem schulmedizinisch ausgeprägten Krankengut und hohen innovativen Arzneimittelkosten. Dies bedeutet, dass die Praxen, die nur eine geringe Arzneimitteltherapie durchführen, wohl auch Patienten unterversorgen, nie in eine Arzneimittelrichtgrößenprüfung gelangen werden, Praxen andererseits, welche sich nach den Kriterien der evidence based medicine richten, schwierige Krankheitsfälle zu betreuen haben und damit auch eine teure Arzneimitteltherapie durchführen, automatisch von den Prüfkriterien erfasst werden. Hierdurch werden gerade unsere fortschrittlichen und kompetenten Praxen einer ungerechtfertigten Prüforgie ausgesetzt, wodurch das gesamte System der Richtgrößen ad absurdum geführt wird.

Wir haben deswegen vorgeschlagen, die Arzneimittel-Richtgrößen qualitativ zu strukturieren. Dies würde bedeuten, dass z.B. Arzneimittel, welche unverzichtbar sind, z.B. für die Behandlung von Krebskrankheiten, von schweren Infektionen wie Hepatitis B, Hepatitis C oder Aids oder für immunsupressive Therapien, dass solche Arzneimittel nicht in Richtgrößen erfasst werden, sondern lediglich bei ihrer Verordnung einer konventionellen Stichprobenprüfung unterliegen. Arzneimittel für schulmedizinisch wichtige Indikationen wie z.B. die Behandlung des Hochdrucks, des Diabetes mellitus, der Herzinsuffizienz, des Asthma bronchiale und dergleichen würden eine eigene Richtgröße erhalten mit einem relativ großen Behandlungsspielraum, während Arzneimitteln für sogenannte geringfügige Gesundheitsstörungen eine kleine und stringent gefasste Richtgröße zugeordnet wird. Hierdurch würde gewährleistet, dass eine innovative Therapie durch die Richtgrößenverfahren nicht behindert würde. Leider ist dieses Richtgrößenkonzept nicht durchführbar, da die Krankenkassen einerseits wenig Interesse daran zeigen, andererseits eine entsprechende Datenlage nicht verfügbar ist.

Budgetsituation 1999/2000

Durch den jetzt vorliegenden Gesetzentwurf für eine Reform der gesetzlichen Krankenversicherung werden die Ärzte nicht nur durch ein kollektives und individuelles Haftungsrisiko bei ihren Verordnungen konfrontiert, es wird zusätzlich versucht, aus dem Bereich der Arznei- und Heilmittelverordnung weitere Wirtschaftlichkeitsreserven heraus zu pressen. So wird die Anpassung der gesetzlichen Budgets vom Bestehen noch vorhandener wirtschaftlicher Reserven abhängig gemacht. Solche werden „dahingehend spezifiziert, dass der Vergleich der alters- und geschlechtsstandarisierten Arznei- und Heilmittelausgaben je Versicherten in der jeweiligen Region mit einem Referenzwert als Indikator für bestehende Wirtschaftlichkeitsreserven und deren Höhe heranzuziehen ist“. Dabei soll der Medizinische Dienst der Spitzenverbände der Krankenkassen die Verordnungsausgaben nach Alter und Geschlecht der Versicherten in einer Versorgungsregion standardisieren und je Vertragsregion definieren. Als Referenzwert werden dann die Ausgabenbeträge der drei Vertragsregionen mit den niedrigsten Ausgabenbeträgen als Mittelwert definiert. Solange in anderen KV-Bereichen dieser Wert nicht erreicht ist, ist von Wirtschaftlichkeitsreserven auszugehen, das Budget also logischerweise nach unten anzupassen (Bench-Marking-System)[1].

Eine solche Kostenspirale nach unten berücksichtigt nicht die vom Versorgungsbedarf abgeleiteten historisch entwickelten Ausgabenhöhen in den verschiedenen Regionen Deutschlands. Diese sind nicht nur abhängig vom Alter und Geschlecht der jeweiligen Versicherten sondern überhaupt von der Gesamtversorgungsstruktur, sie hängen ab von der Qualität der in der jeweiligen Region vorhandenen Arznei- und Heilmittelversorgung, von den Leistungsanbietern, insbesondere im Bereich der Heilmitteltherapie und hier wiederum von der Ausprägung des Kur- und Badewesens des entsprechenden Landes, von der Facharztdichte, von den Krankenhausstrukturen, von der Intensität der Auslagerung von Leistungen aus den Krankenhäusern in die ambulante Medizin, was wiederum auch von der dort vorhandenen Infrastruktur im fachärztlichen Bereich abhängig ist. Wenn ein solches Gesetzesvorhaben realisiert wird, stehen wir vor einer katastrophalen Nivel-

---

[1] in der endgültigen Fassung des Gesundheitsreformgesetzes 2000 nicht verwirklicht

lierung der Arzneimitteltherapie auf den billigsten Standard ohne Berücksichtigung von Versorgungsnotwendigkeiten.

Darüber hinaus ist die Aufstellung einer Positivliste geplant als eine „Vorschlagsliste von Arzneimitteln", welche im Bereich der gesetzlichen Krankenversicherung zu finanzieren sind. Die „aufzunehmenden Arzneimittel müssen für eine zweckmäßige, ausreichende und notwendige Behandlung, Prävention und Diagnostik von Krankheiten nach dem allgemein anerkannten Stand der medizinischen Wissenschaft" ausgewählt werden. Dies gilt jedoch nur für die schulmedizinischen Arzneimittel, während „Arzneimittel der besonderen Therapierichtungen", also der Homöopathie und Anthroposophie, in einen Anhang dieser Liste aufgenommen werden. Für diese ist ein wissenschaftlicher Wirksamkeitsnachweis nicht erforderlich, vielmehr müssen sie lediglich „nach dem anerkannten Stand der jeweiligen Therapierichtung selbst nachweislich geeignet sein". Dies bedeutet, dass hier mit zweierlei Maß geurteilt wird. Es wird dabei davon ausgegangen, dass die Arzneimittel der besonderen Therapierichtungen nicht nach dem allgemeinen Stand der medizinischen Wissenschaft beurteilt werden können. In dem Referentenentwurf hieß es dazu, dass die Bewertungen der Arzneimittel jeweils nach einheitlichen Urteilsstandards zu erstellen sind und „die therapeutische Relevanz der wissenschaftlichen Erkenntnisse und die Erfolgswahrscheinlichkeit der Behandlung" zu berücksichtigen sind. Es wird hier also noch einmal betont, dass für die Arzneimitteltherapie nicht eine statistisch und wissenschaftlich nachweisbare Wirksamkeit sondern lediglich eine Erfolgswahrscheinlichkeit ausschlaggebend ist. Die Rechtfertigung einer Arzneimitteltherapie wird auf das Niveau der „therapeutischen Relevanz" und der „Erfolgswahrscheinlichkeit" herabgestuft. Damit werden gerade die Arzneimittelgruppen gefördert, die in den vergangenen Jahren pauschal als unwirksam klassifiziert worden sind, und es wird dem Arzt anheim gestellt, durch Verweigerung von an und für sich verordnungsfähigen Arzneimitteln die Einsparpotentiale zu erwirtschaften, welche für die Realisierung des medizinischen Fortschrittes notwendig sind.

Die Ausgaben für Arzneimittel – die entsprechenden Daten für Heilmittel liegen noch nicht vor – sind in den ersten vier Monaten dieses Jahres bundesweit um ca. 15% angestiegen. Dies wurde von den Krankenkassen und von der Bundesgesundheitsministerin zum Anlass genommen, der Ärzteschaft vorzuwerfen, sie würde bewusst durch unwirtschaftliche Verordnungen und damit erhöhte Arzneimittelausgaben die Arzneimittelbudgetierung boykottieren und das System an die Wand fahren. Frau Fischer hat auf dem Ärztetag in Cottbus Ende Mai diese Anschuldigung aufgrund des massiven Protestes der Ärzteschaft zurück genommen, nicht aber die Krankenkassen. Was sind nun die Ursachen dieses Kostenanstiegs?

1. In den ersten Monaten dieses Jahres ist eine in ihrer Intensität ungewöhnlich stark ausgeprägte und von langen Krankheitsverläufen gekennzeichnete Grippeepidemie abgelaufen. Hierdurch kam es zu einem erheblichen Mehrbedarf

an Arzneimitteln für Erkrankungen des oberen Respirationstraktes. Die häufigen Sekundärkomplikationen machten außerdem die vermehrte Verordnung von Antibiotika erforderlich.

2. Die Arzneimittelzuzahlungen wurden zum 01. Januar 1999 teilweise zurückgenommen und zwar derart, dass die Verordnung großer Arzneimittelpackungen begünstigt war, die Zuzahlungsbefreiungstatbestände sind erheblich erleichtert worden. Hierdurch ist der Arzneimittelumsatz um 1,5 Mrd. DM bis 2,5 Mrd. DM belastet worden, was einer Steigerung von 3% bis 5% gleich kommt.

3. Gegenüber dem ersten Quartal 1998 schlägt eine Mehrwertsteuererhöhung von 1% zusätzlich als Kostenbelastung zu Buche.

4. Die Arzneimittelpreise sind um ca. 0,9% angestiegen.

5. In den vergangenen Jahren hat eine Fülle von Arzneimittelinnovationen die Therapiemöglichkeiten insbesondere in der ambulanten Medizin bereichert. So ist seit 1996 in einem Segment von Spezialpräparaten, das eine Größenordnung von 3,6 Mrd. DM oder 10% des Arzneimittelumsatzes der GKV ausmacht, eine enorme Steigerungsrate zu beobachten, welche sich jährlich zwischen 900 Mill. und 1 Mrd. DM bewegt. Die Präparate betreffen die onkologische Behandlung, neue Behandlungsmethoden bei chronischen Infektionen wie Hepatitis B, Hepatitis C und HIV, neue antiretrovirale Substanzen, neue Behandlungsmöglichkeiten der multiplen Sklerose, neue immunsupressive Substanzen, die vor allen Dingen in der Transplantationsnachsorge angewendet werden. So sind etwa die Kosten für eine immunsupressive Therapie und Organtransplantation von früher 15.000,00 DM auf jetzt ca. 27.000,00 DM pro Jahr angestiegen.

6. Epidemiologische und wissenschaftliche Erkenntnisse sowie die Ausarbeitung von Therapieleitlinien haben in herkömmlichen Therapiebereichen die Therapienotwendigkeiten und auch die Therapiemöglichkeiten intensiviert, so z.B. die Behandlung der ca. 4 Mill. Patienten in Deutschland mit Diabetes mellitus, die Behandlung der Hypertonie, von der ca. 20% der Bevölkerung betroffen sind, und die Behandlung der Herzinsuffizienz. In anderen Therapiebereichen sind neue Substanzen eingeführt worden, welche sich nicht nur durch eine höhere Wirksamkeit sondern auch vor allem durch eine geringe Nebenwirkungsquote auszeichnen. Dies betrifft Neuroleptika, Antidepressiva, Parkinsonmittel, Antiepileptika, Medikamente gegen die benigne Prostatahyperplasie und dergleichen mehr.

Allein die Behandlung eines Patienten mit multipler Sklerose mit einem Interferonpräparat erfordert jährlich eine Summe von 30.000,00 DM. Von den einhundertzwanzig- bis einhundertvierzigtausend Patienten mit multipler Sklerose kommen für eine solche Behandlung ca. fünfzig- bis sechzigtausend Patienten in Frage. Zwölf- bis fünfzehntausend werden bereits so behandelt. Zur Erfüllung der Therapieoption bei multipler Sklerose werden somit jährlich 1,5 Mrd. DM bis 1,8 Mrd. DM benötigt.

Die nach evidenzbasierten Erkenntnissen erforderliche Behandlung des Bluthochdrucks und der Fettstoffwechselstörung bei Diabetes mellitus erfordert nach unseren Berechnungen ca. 15% des verfügbaren Arzneimittelbudgets, die Behandlung der Zuckerkrankheit selbst weitere 5-10 %

7. Immer mehr Krankheitsbilder werden heute nicht mehr stationär sondern ambulant behandelt. Dies betrifft, vom ökonomischen Standpunkt aus gesehen, vorwiegend die Polychemotherapie bei Tumorerkrankungen. Mir liegen Schreiben von Klinikverwaltungen vor, die die Chefärzte darauf hinweisen, die Behandlungen prinzipiell ambulant und nicht mehr stationär durchzuführen, um die entsprechenden Arzneimittelkosten dem Krankenhaus zu ersparen. Dies bedeutet natürlich, dass diese Kosten in den ambulanten Sektor verlagert werden und damit das Arzneimittelbudget belasten. Das gleiche gilt für viele andere Krankheitsbilder, die heute überhaupt nicht mehr stationär behandelt werden, etwa nephrologische Erkrankungen, bzw. bei denen eine frühzeitige Entlassung aus dem Krankenhaus erfolgt. Jede Verkürzung der Krankenhausliegezeit bedeutet eine zusätzliche Budgetbelastung durch die anfallenden Arznei- und Heilmittelkosten.

Die hier dargelegten Fakten, welche durch statistischen Daten des Instituts für Medizinische Statistik in Frankfurt belegt werden können, unterstreichen den gewaltigen Mehrbedarf an finanziellen Ressourcen, sofern der Bevölkerung der medizinische Fortschritt nicht vorenthalten werden soll.

Demgegenüber wurden 1997 nach den Angaben des Arzneiverordnungsreports 1998 ausgegeben für:

Venenmittel Die Umsätze reduzierten sich in diesem Bereich gegenüber 1996 um 30,4%.	248,5 Mill. DM
Expektoranzien Der Umsatz reduzierte sich gegenüber 1996 um 20,5%.	709,1 Mill. DM
Laxanzien Rückgang minus 6,5%.	100,9 Mill. DM

Antidementiva Der Rückgang gegenüber 1996 beträgt 25,1%. Die medizinische Wertigkeit der Antidementiva wird auch in Fachkreisen kontrovers diskutiert.	523,1 Mill. DM
Gingko-Präparate	282,0 Mill. DM

Die Aufzählung dieser in gewissem Sinne umstrittenen Arzneimittel bzw. von Indikationsbereichen, bei denen die Wirksamkeit einer Vielzahl hierfür zugelassener Arzneimittel nicht sicher nachgewiesen ist, ließe sich fortsetzen. Es handelt sich in allen Fällen aber um zugelassene bzw. registrierte Arzneimittel, die prinzipiell verordnungsfähig sind. Weder die Krankenkassen noch die Kassenärztlichen Vereinigungen oder der Bundesausschuss sind berechtigt, den Verordnungsausschluss solcher Präparate anzuordnen. Versuche, über Arzneimittel-Richtlinien den Ärzten wenigstens andeutungsweise eine Richtschnur in die Hand zu geben, wie mit dergleichen Präparaten umgegangen werden sollte, sind am gerichtlichen Einspruch der Pharmaindustrie gescheitert. Das Landessozialgericht Hamburg entschied im April 1999, dass die Arzneimittel-Richtlinien nicht veröffentlicht werden dürfen und zwar nicht aus inhaltlichen sondern aus kartellrechtlichen Gründen.

Insgesamt erscheint der derzeitige politische Ansatz des Bundesministeriums, die steigenden Kosten des Gesundheitswesens durch eine sehr stringente Budgetierung der Ausgaben für Arznei- und Heilmittel zu senken und dabei das finanzielle Risiko auf die Schultern der Ärzteschaft zu verlagern, verfehlt. Die in diesem Bereiche noch realisierbaren Einsparmöglichkeiten können bei weitem nicht die für den medizinischen Fortschritt notwendigen innovativen Kosten ausgleichen. Eine solche Politik muss also zwangsläufig zu einer Rationierung der Arzneimitteltherapie führen. Dabei wird die Rationierungsentscheidung der Ärzteschaft aufgebürdet unter gleichzeitiger Androhung von kollektiven und individuellen Regresse, eine Situation, unter der die freiheitliche Ausübung des ärztlichen Berufs und die Entwicklung eines für den Heilungsprozess notwendigen intensiven Arzt-Patienten-Verhältnisses nicht mehr möglich sind.

Das Krankenhaus im Brennpunkt der gesundheitspolitischen Reformdiskussion

Professor Dr. Herbert Genzel
Fakultät für Medizin - Krankenhausstatistik, Krankenhausorganisation und Gesundheitsökonomie - Technische Universität München

I. Zum gegenwärtigen Diskussionsstand

1. Die Regierungskoalition von SPD und Bündnis 90/Die Grünen haben im März dieses Jahres die „Eckpunkte zur Gesundheitsreform 2000" vereinbart.[1] Sie kündigten darin eine umfassende Strukturreform im Gesundheitswesen und insbesondere auch für den Krankenhausbereich zum 1.1.2000 an. Der vom BMG Ende April vorgelegte „Arbeitsentwurf"[2] und der koalitionsintern abgestimmte „Referentenentwurf" [3] konkretisieren den politisch festgelegten Handlungsbedarf. Die beabsichtigten gesetzlichen Neuregelungen haben bei den Beteiligten des Gesundheitswesens, Ärzten, Zahnärzten, Krankenhäusern, Krankenkassen, Apotheker, Pharmaindustrie ein zwiespältiges Echo ausgelöst. Über die Notwendigkeit weiterer Reformschritte, den Inhalt und Umfang der vorgesehenen staatlichen Eingriffe in die bestehenden Leistungs- und Kostenstrukturen bestehen erhebliche Meinungsverschiedenheiten. Die Verabschiedung des Gesetzentwurfs im Bundeskabinett ist für Ende Juni vorgesehen. Die erste Lesung im Bundestag soll Anfang Juli erfolgen. Entscheidende Bedeutung für die zustimmungsbedürftigen Regelungen im Krankenhausbereich wird dem Abstimmungsverhalten der Länder im Bundesrat zukommen. Das Gesetz zur Reform der gesetzlichen Krankenversicherung ab dem Jahr 2000 (GKV-Gesundheitsreformgesetz 2000, BT-Drucks. 14/2369) ist am 1.1.2000 aufgrund der Einwendungen des Bundesrats in einer inhaltlich wesentlich veränderten Fassung in Kraft getreten.

Während die gesetzlichen Krankenkassen den Entwurf grundsätzlich begrüßen, prophezeien die Verbände und Institutionen der Leistungserbringer während der

---

[1] „Eckpunkte zur Gesundheits-Reform 2000" vereinbart am 2.3.1999 zwischen den „Arbeitskreisen Gesundheit" der Fraktion SPD und Bündnis/Die Grünen sowie dem Bundesministerium für Gesundheit.

[2] Arbeitsentwurf eines Gesetzes zur Strukturreform in der gesetzlichen Krankenversicherung im Jahr 2000 vom 30.4.1999.

[3] Referentenentwurf eines Gesetzes zur Reform in der gesetzlichen Krankenversicherung ab dem Jahr 2000 (GKV-Gesundheitsreform 2000) vom 25.5.1999.

parlamentarischen Beratungen einen „heißen Herbst“, wobei zur Mobilisierung der Bürger als potentielle Patienten eine umfangreiche Informationskampagne bereits in Gang gesetzt wurde. Proteste besonders der Mitarbeiter in den Kliniken sind an der Tagesordnung[4]. Eine Versachlichung der kontroversen Diskussion wäre sicherlich für alle Beteiligten dienlich. Die heutige Vortragsveranstaltung soll dazu beitragen.

Die Politik will mit dem Reformgesetz die Qualität und Wirtschaftlichkeit im deutschen Gesundheitswesen durch eine Stärkung der gesetzlichen Krankenversicherung (GKV) verbessern und dauerhaft finanzierbar erhalten. Inmitten steht dabei ein sektorenübergreifendes Globalbudget als feste Obergrenze für das gesamte jährliche Ausgabenvolumen einer Krankenkasse begrenzt auf die bundesweite jeweilige Veränderungsrate der Einnahmen.[5] Die Verantwortung zur Einhaltung der Obergrenze obliegt der einzelnen Kasse sowie den Verbänden der Krankenkassen auf Landesebene. Durch diese Art der Budgetierung sollen aus arbeitsmarktpolitischen Gründen die Beitragssätze stabilisiert werden. Die Erweiterung der Gestaltungs- Steuerungs- und Kontrollkompetenzen der GKV soll die solidarische Finanzierung des Krankenversorgungssystems in Zukunft gewährleisten.

Von Seiten der Ärzte wird vor allem befürchtete, daß die Patienteninteressen dem politischen Dogma einer rigiden Beitragssatzstabilität geopfert werden und notwendige medizinische Leistungen de facto rationiert werden müssen.

Die Krankenhäuser erwarten aufgrund der gesetzlichen Maßnahmen, insbesondere der Änderung des Finanzierungssystems (Monistik) und der Budgetierung von Leistungen und Erlösen einen weiteren Abbau von Versorgungskapazitäten[6] mit erheblichen Einschnitten bei der bedarfsgerechten bürgernahen Versorgung. Der gebotene Sparzwang führe auch zur Gefährdung von Tausenden von Arbeitsplätzen[7] in den Kliniken. Durch die Deckelung des Leistungs- und Kostenvolumens werde das Morbiditätsrisiko von der GKV auf die Krankenhäuser verlagert.

2. Es ist gesundheitspolitisch verständlich und konsequent, daß auch der Krankenhausbereich gegenwärtig im Mittelpunkt der gesundheitspolitischen Forderung nach mehr Rationalität im System steht. Die Kliniken sind im deutschen Gesund-

---

4 So haben in der vergangenen Woche über 30 000 Krankenschwestern, Pfleger, Klinikärzte aus ganz Deutschland in Berlin gegen die geplante Gesundheitsreform demonstriert.

5 Das Ausgabenvolumen für das Jahr 2000 soll sich grundsätzlich nach dem Ausgabenvolumen für das Jahr 1998 richten.

6 Zwischen 1990 und 1997 wurden in der Bundesrepublik rd. 100 000 Krankenbetten und rd. 25 000 Stellen abgebaut.

7 Nach Schätzungen der Trägerverbände und der Gewerkschaften seien weitere 18 000 Arbeitsplätze in den Kliniken gefährdet.

heitssystem ein bedeutender medizinischer Leistungsträger[8], verursachen aber auch einen erheblichen Ressourcenaufwand[9]. Die dauerhafte Sicherung der Finanzierbarkeit eines hohen medizinischen Leistungsstandards steht vor dem Dilemma, daß der Abstand zwischen dem medizinisch sinnvoll Machbarem und dem, was die Gesellschaft solidarisch zahlen will, aber auch volkswirtschaftlich vertretbar zu leisten vermag, sich immer mehr vergrößert. Eine sozialverträgliche, gerechte Verteilung der wirtschaftlichen Ressourcen ist für den Gesetzgeber eine ständige Herausforderung.

Den Krankenhausbereich prägt dabei der Zielkonflikt von

- Leistungsfähigkeit (bedarfsgerechter Leistungsstandard),
- Humanität (Ausrichtung der Leistungen an ethischen Grundwerten) und
- Wirtschaftlichkeit (Erbringung der Leistungen mit geringstmöglichem Mitteleinsatz).

Zur Schicksalsfrage für das Reformvorhaben der Koalition wird:
Sind die gesetzlichen Rahmenbedingungen so ausgerichtet, daß sie Wirtschaftlichkeitsreserven im System mobilisieren, ohne die Qualität der Versorgung zu gefährden ?

II. Zur gesundheitspolitischen, rechtlichen und ökonomischen Ausgangssituation

1. Das hohe medizinische und pflegerische Versorgungsniveau im Krankenhaus wird von den Bürgern allgemein anerkannt und geschätzt, - ein Verdienst auch der 1,15 Mio. Beschäftigten-[10]. Mit mehr als 100 Mrd. DM Umsatz jährlich sind die Kliniken auch ein bedeutender Wirtschaftsfaktor, der zugleich in Folge der medizinischen Entwicklungstrends zu den dienstleistungsorientierten Wachstumsbranchen gehört.

---

8 Nach der Krankenhausstatistik 1996 wurden in den 2269 Kliniken insgesamt rund 174,3 Mio. Pflegetage bei 15,2 Mio. Krankenhausfällen erbracht. Dazu kommen Behandlungsleistungen in 1404 Vorsorge- und Rehabilitationseinrichtungen;(Quelle: DKG, Zahlen, Daten, Fakten 1998, S.38 und 39).

9 Der Anteil der Gesundheitsaufgaben am BIP (Summe aller Wertschöpfungen im Inland) betrug 1995 10,4% ; der Ausgabenanteil des Krankenhausbereiches machte 36,3% aus, damit ist der Anteil der Krankenhausausgaben am BIP rd. 3%.

10 In den Krankenhäusern waren Ende 1996 insgesamt 1150 837 Personen beschäftigt. Das bedeutet daß jeder 30. Erwerbstätige bzw. jeder 27. abhängig Erwerbstätige seinen Arbeitsplatz im Krankenhaus hatte. 117 922 Ärzte arbeiteten in den deutschen Kliniken. Die größte Personengruppe mit 523 000 Beschäftigten waren das Krankenhauspflegepersonal (einschließlich Funktionsdienste); (Quelle:DKG, Zahlen, Daten, Fakten 1998 S.39.)

2. Medizinischer Fortschritt und demographische Entwicklung, besonders aufgrund der steigenden Lebenserwartung der Bürger[11] werden auch in Zukunft zu einem quantitativ und qualitativ zunehmenden Bedarf an Krankenhausleistungen führen. Dies erhellen signifikant die veränderten Patientenstrukturen in den Kliniken. Bei einem Bevölkerungsanteil der über 60-jährigen von 21,4% (1996) und einem Patientenanteil von 42% wurden 53,9% der Pflegetage für diese Patientengruppe erbracht. Dabei sind bei den Patienten über 75 Jahren 20% Verletzungen und Vergiftungen nach Krankheiten des Kreislaufsystems mit 17,1 % und Neubildungserkrankungen mit 15,3% die häufigsten Diagnosen[12]. Mit zunehmenden Alter steigt der medizinische und pflegerische Aufwand überproportional. Multimorbidität bestimmt vielfach das Krankheitsgeschehen[13]. Kostenmäßig erhebliche Relevanz hat, daß bei rund 42% der über 65-jährigen Patienten zumindest zeitweise eine intensiv-medizinische Behandlung geboten ist, während diese im Durchschnitt nur bei rd. 30% der übrigen Patienten erfolgt. Ein großer Teil der Mengen- und Leistungsausweitung[14] ist deshalb auf die Überalterung der Bevölkerung zurückzuführen.

Provokant wurde unlängst auf einem Medizinerkongress vorgetragen:

> *„Ohne moderne Medizin wäre der Durchschnitt der Überlebenden heute gesünder, aber die Überlebenden erheblich weniger".*

3. Die permanenten Leistungsausweitungen und damit verbunden die erheblichen Kostensteigerungen[15] im Krankenhausbereich in den letzten Jahren[16] haben das Spannungsfeld von medizinischer Leistung, ökonomischen Möglichkeiten und solidarischer Absicherung des Einzelnen erheblich erhöht. Da über ein Drittel aller Ausgaben der GKV (1997: 230,9 Mrd. DM; 1998: 248,2 Mrd. DM) auf den Krankenhausbereich entfällt (35,8%) [17] stehen die Kliniken zwangsläufig immer wieder im Mittelpunkt der gesundheitspolitischen Einspardiskussion.

---

[11] Die Lebenserwartung in Deutschland betrug 1996: bei Frauen 77,72 Jahre und bei Männern 73,29 Jahre; Quelle Statistisches Bundesamt 1996.

[12] Quelle: DKG, Zahlen, Daten, Fakten 1998, S. 39.

[13] Bei den über 60-jährigen Patienten in Akutkliniken werden statistisch bei 59,9% drei und mehr behandlungsbedürftige Diagnosen gestellt.

[14] Von 1990 bis 1997 stieg die Zahl der Behandlungsfälle in den Krankenhäusern von 13 Mio auf 15,7 Mio.

[15] Die gesetzlichen Krankenkassen haben für die Krankenhausversorgung ihrer Mitglieder 1980 (alte Bundesländer) 25,4 Mrd. DM und 1997 (alte und neue Bundesländer) 82,7 Mrd. DM ausgegeben.

[16] Von 1991 bis 1996 stiegen die Kosten je Pflegetage im Krankenhaus von 392,07 DM auf 557,45 DM und die Selbstkosten je Fall von 5256 DM auf 6210 DM.

[17] 1960 betrug der Anteil in den alten Bundesländern noch 17,5%, 1970 25,2%, 1975 (vor allem im Hinblick auf die Auswirkungen des KHG 1972) 30,1% und seit 1990 in Gesamtdeutschland 32,9% sowie 1996 33,1%, (Quelle DKG, Zahlen, Daten, Fakten 1998, S.70)

Die Einnahmen- und Ausgabenentwicklung in der GKV bedeutet bei

- verringertem wirtschaftlichem Wachstum,
- unterdurchschnittlichen Produktivitätszuwächsen in Industrie und Gewerbe,
- verstärktem Wettbewerbsdruck infolge Globalisierung der Märkte, weltweit höchsten Arbeitskosten insbesondere durch hohe Lohnnebenkosten,
- verringertem Lohneinkommen infolge hoher Arbeitslosigkeit

für die Politik eine permanente Herausforderung.

Sie erzeugt intensiven Handlungs- und Erwartungsdruck. Staatliche Krisenintervention in immer kürzer werdenden Zeitabständen war die Folge. Kostenbegrenzung und Kostendämpfung im Gesundheitswesen werden damit zu einer staatlichen Daueraufgabe, die bisher dauerhaft nicht gelöst wurde. Feststellungen über eine „staatliche Interventionsspirale" treffen zu. Für den Krankenhausbereich ergibt sich, daß seit dem damals politisch als „Jahrhundertgesetz" gepriesenen Krankenhausfinanzierungsgesetz 1972[18] (KHG) nunmehr die 12. Novellierung ansteht.

Die Erfahrungen der Vergangenheit haben gezeigt, daß eine ständig steigende Nachfrage nach gesundheitlichen Leistungen besonders in den Kliniken auf die Dauer sich nicht mit gleichbleibenden Beitragssätzen der Krankenkassen und ausschließlich durch Mobilisierung von Wirtschaftlichkeitsreserven im System befriedigen läßt. Die Determinanten für Leistungs- und damit Kostenausweitungen sind nicht kompatibel mit den lohnbezogenen Beiträgen der GKV. Die mit dem Krankenversicherungskostendämpfüngsgesetz (KVKG) 1977 [19], eingeleitete „einnahmenorientierte Ausgabenpolitik"[20] und darauf beruhend der Grundsatz der Beitragssatzstabilität [21](nunmehr § 71, § 141 Abs.2 SGB V) vermochten letztlich nicht die dauerhafte Stabilisierung des Systems der solidarisch finanzierten GKV herbeizuführen. Vor dieser Problematik steht der Gesetzgeber auch heute !

---

18 Gesetz zur wirtschaftlichen Absicherung der Krankenhäuser und zur Regelung der Pflegesätze (KHG) vom 29.6.1972 (BGBl. I S.1009)

19 Krankenversicherungskostendämpfungsgesetz (KVKG) vom 27.6.1977 (BGBl. I S.1069)

20 Zur Zielsetzung im einzelnen Genzel, MedR 1997, 479,483.

21 „In den Empfehlungen sind die inhaltlichen Vorgaben so zu gestalten, daß Beitragssatzerhöhungen vermieden werden, es sei denn, die notwendige medizinische Versorgung ist auch unter Ausschöpfung von Wirtschaftlichkeitsreserven ohne Beitragssatzerhöhungen nicht zu gewährleisten" (§141 Abs.2 S.3 SGB V)

III. Die rechtliche Aufgabenstellung der Krankenhäuser im gesundheitlichen Versorgungssystem

1. Jede Neuordnung, insbesondere die Steuerung der Versorgung der Bevölkerung mit Krankenhausleistungen ist gebunden an den verfassungsrechtlichen Handlungsrahmen. Das GG enthält für das System der Gesundheitssicherung institutionelle Vorgaben, die entscheidend von den grundrechtlich geschützten Rechtsgütern der Patienten, aber auch der Erbringer von Gesundheitsleistungen mitbestimmt werden.[22] Diese verfassungsrechtlichen Rahmenbedingungen bestimmen und beeinflussen die Strukturen des Krankenhauswesens maßgeblich.

2. Aus dem Sozialstaatsprinzip (Art. 20 Abs. 1, Art. 28 Abs. 1 GG) leitet sich der allgemeine stationäre Sicherstellungsauftrag des Staates ab. Die bedarfsgerechte Versorgung der Bevölkerung mit leistungsfähigen Krankenhäusern ist eine verfassungsrechtlich vorgegebene Aufgabe im Rahmen der öffentlichen Daseinsvorsorge. Die öffentliche Hand hat dafür Sorge zu tragen, daß quantitativ und qualitativ ausreichend stationäre medizinische Versorgungseinrichtungen für alle Bürger zur Verfügung stehen. Dieser allgemeine verfassungsrechtliche Gestaltungsauftrag bedarf einer näheren normativen Konkretisierung (vgl. § 1 KHG). Dem Bundes- und Landesgesetzgeber obliegt es, entsprechend der Kompetenzverteilung des GG (Art. 72 Abs. 2, Art. 74 Nr. 12, Art. 74 Nr. 19 und Nr. 19a) Inhalt, Art und Umfang der stationären Versorgung festzulegen und zu bestimmen, wer in einem bestimmten Gebiet hierfür die rechtliche und politische Verantwortung zu tragen hat. In den meisten Ländern besteht hier nach den Kommunalgesetzen der „kommunale stationäre Sicherstellungsauftrag".

Für die Erfüllung des sozialstaatlichen Sicherstellungsauftrag steht dem Gesetzgeber zwar ein weiter Gestaltungsspielraum zu, Leitlinie für das gesetzgeberische Ermessen haben aber dabei die entsprechenden verfassungsrechtlichen Vorgaben zu sein.
Dies sind:

- die bedarfswirtschaftliche Ausrichtung der Krankenhausversorgung,
- die Anerkennung der bestehenden Vielfalt und Vielgestaltigkeit der Leistungsträger in einem pluralistisch ausgerichteten Gemeinwesen (Grundsatz der Trägerpluralität),
- Gewährleistung der Autonomie der Träger im Rahmen der Funktionsfähigkeit des Versorgungssystems (Grundsatz der Trägerautonomie),
- Anwendung des Grundsatzes der Subsidiarität bei der Leistungserfüllung,

---

[22] Im einzelnen zur Bedeutung der Grundrechte und des Sozialstaatsprinzips bei der Krankenversorgung Genzel in Laufs/Uhlenbruck, Handbuch des Arztrechts 2. neubearb. Auflage 1999 §84 RdNr. 1 bis 5.

- die Beachtung der gesamtwirtschaftlichen Grenzen bei der Finanzierung des Versorgungssystems.[23]

3. Es ist demnach eine öffentliche Aufgabe des Staates, allen Bürgern eine nach dem allgemein anerkannten Stand der medizinischen und medizinisch-technischen Entwicklung ausgerichtete Krankenhausversorgung, die auch den medizinischen Fortschritt berücksichtigt, anzubieten. Die ökonomische Zugänglichkeit, die räumliche Erreichbarkeit und die medizinische Bedarfsangemessenheit sind Bestimmungsfaktoren für gesetzgeberische Maßnahmen. Ungeachtet der finanziellen Leistungsfähigkeit muß die gebotene Krankenhausbehandlung entsprechend der diagnostizierten medizinischen Notwendigkeit für jeden Patienten verfügbar sein. Ein Angebot von Zusatz- und Alternativleistungen (Wahlleistungen) darf dieses Ziel nicht gefährden. Anzahl, Leistungsspektrum und räumliche Verteilung von Krankenhäusern müssen sicherstellen, daß alle Patienten in zumutbarer Entfernung eine dem Bedarf angemessene Versorgung erhalten können.

4. Eine Steuerung des Versorgungssystems hat die gesamtwirtschaftlich sinnvolle Abstimmung der Ausgaben des Krankenhauswesens mit dem Finanzbedarf für andere gesundheitliche Bereiche und die sonstigen öffentlichen Aufgaben herbeizuführen. Steuerung in diesem Sinn ist auch verfassungsrechtlich geboten. Es liegt weitgehend im gesetzgeberischen Ermessen, mit welchen Steuerungsstrategien, mit welchen Steuerungsmittel vor dem Hintergrund der Knappheit ökonomischer Ressourcen und des Leistungsvolumens der Medizin, ein Ausgleich zwischen möglichen Standards und den Ausgaben herbeigeführt werden soll.
Steuerung im Gesundheitswesen hat damit Ausgleichsfunktion. Es ist abzuwägen zwischen dem medizinischen Leistenkönnen und einem vertretbaren Kostenaufwand hierfür. Steuerung im System kann im einzelnen Leistungsprozeß, beim einzelnen Leistungserbringer oder global für eine Vielzahl von Leistungsabläufen erfolgen. Einzelsteuerung und Globalsteuerung können dabei der Fehlorientierung des Systems oder auch Fehlentwicklungen entgegenwirken. Dies kann geschehen mit

- gesetzlichen oder administrativen Maßnahmen,
- mit Mitteln der Selbstverwaltung (korporatistische Steuerung) oder
- dem Einsatz marktwirtschaftlich orientierter Konzepte.

Die Ausgestaltung des Steuerungssystems, die Durchführung, Übertragung und Überlassung von steuernden Maßnahmen mit Eingriffswirkung in einem gesundheitlichen Versorgungssystem stehen unter dem Grundsatz des „Vorbehalts des

---

[23] Zur verfassungsrechtlichen Bedeutung der Erhaltung der finanziellen Stabilität der GKV BVerfGE 68,193,218;77,84,107.

Gesetzes" (Art. 20 Abs. 1, 2 und 4 GG) und „der Effizienz staatlichen Handelns".[24]

IV. Die Ziele der Selbstverwaltungssteuerung im Rahmen der 3. Stufe der Gesundheitsreform

1. Die in der vergangenen Legislaturperiode vor allem mit der „3. Stufe der Gesundheitsreform"[25] herbeigeführte Stärkung der Eigenverantwortung und Selbstverwaltung der Leistungs- und Finanzierungsträger sollte durch Ausschöpfung von Rationalisierungsreserven eine drohende Rationierung mit der Folge von Beschränkungen notwendiger medizinischer Leistungen vermeiden. Besonders mit dem 2. GKV-NOG[26] und in dessen Konkretisierung und Weiterführung mit der 5. ÄndVO zur BPflV[27] sollte durch Erweiterung der Gestaltungsspielräume der Selbstverwaltungspartner von Krankassen und Krankenhäusern mehr wirtschaftliche Rationalität im System erreicht werden. An Stelle staatlicher (normsetzender und administrativer) Steuerungspotentiale sollte die Selbstverwaltungssteuerung der Verbände besondere durch kollektives Vertragsrecht treten.

Der für den einzelnen Patienten bestehende Rechtsanspruch aus dem Behandlungsvertrag mit dem Krankenhaus und für die Sozialversicherten auch aus ihrer Mitgliedschaft in einer gesetzlichen Krankenkasse auf

> *„alle Krankenhausleistungen, die im Einzelfall nach Art und Schwere der Krankheit für eine medizinisch zweckmäßige und ausreichende Versorgung notwendig sind" (§ 39 Abs. 1 S. 3 SGB V).*

sollte durch die Neuordnung nicht in Frage gestellt werden.

Der auslegungsfähige und auslegungsbedürftige Rechtsbegriff „medizinische Notwendigkeit" verblieb dabei letztlich in der Definitionskompetenz der Selbstverwaltungspartner, ohne daß hinreichende gesetzliche Begrenzungen durch kollektiv-vertragliche Regelungen z.B. nach §§ 112, 115 SGB V näher festgelegt wurden. Die Neuregelung geht von der Grundannahme aus, daß zwischen dem individuellen Behandlungsanspruch des einzelnen Patienten, der Gewährleistungspflicht der GKV, der Leistungspflicht des Krankenhauses („allgemeine Krankenhausleistungen" nach § 2 Abs.2 BPflV) und den sozialstaatlichen Ord-

---

24 S. im einzelnen hierzu Genzel, NZS 1996, 359, 401.

25 Zu den Auswirkungen der 3. Stufe der Gesundheitsreform auf den Klinikbereich s. Genzel, MedR 1997,479.

26 Zweites GKV – Neuordnungsgesetz vom 23.6.1997 (BGBl. I S.1520).

27 Bundespflegesatzverordnung vom 26.9.1994 (BGBl. I S.2750) i.d.F. der 5.ÄndVO zur BPflV vom 9.12.1997 (BGBl. I S.2874).

nungsvorstellungen wie etwa der Einhaltung der gesamtwirtschaftlichen Grenzen bei der Beitragsgestaltung der Krankenkassen Kongruenz besteht, sofern das Wirtschaftlichkeitsgebot (§ 12, § 70 SGB V) eingehalten wird. Diese Annahme ist rechtlich bedenklich, weil infolge der knapper werdenden finanziellen Ressourcen die Leistungsfähigkeit des Gesundheitssystems beschränkt ist und deshalb auf Dauer alle Möglichkeiten der modernen Medizin uneingeschränkt nicht mehr zur Verfügung stehen können. Eine der wesentlichen Voraussetzungen der Funktionsfähigkeit unseres sozialen Versorgungssystems, nämlich beständiges wirtschaftliches Wachstum mit ständig steigenden Lohneinnahmen, ist gegenwärtig nicht mehr gegeben. Die Selbstverwaltung ist nach ihrer organisatorischen Ausgestaltung zwar in der Lage, Rationalisierungsreserven in einem bestehenden System zu mobilisieren; sie kann aber systembedingte Mängel und Schwächen im Gesamtsystem nur bedingt ausgleichen. Eine Selbstverwaltung wird deshalb die Probleme der gesundheitlichen Prioritätensetzung und ggf. Leistungsbegrenzungen nicht zu lösen vermögen. Aufgabe des Gesetzgebers ist es deshalb, entsprechend dem Grundsatz des Vorbehalts des Gesetzes alle grundlegenden und wesentlichen Systementscheidungen, insbesondere die Einschränkung der solidarischen Finanzierung bei einzelnen medizinischer Behandlungsleistungen, zu treffen. Unter diesem Aspekt ist auch die politisch beabsichtigte Veränderung des bestehenden dualistischen Finanzierungssystems und der Übergang zur monistischen Finanzierung der Krankenhäuser durch die Krankenkassen zu bewerten.

2. Die Kompetenzen der Selbstverwaltungspartner im Krankenhausbereich wurden in verschiedener Hinsicht grundlegend erweitert. Besonders hervorzuheben sind:

- die Übertragung der Neubestimmung und Neubewertung, Weiterentwicklung der Pauschalentgelte (Fallpauschalen und pauschalierte Sonderentgelte) einschließlich der Abrechnungsbestimmungen auf die Selbstverwaltungsebene im Bund ab 1.1.1998[28]

- die Sicherung der Beitragssatzstabilität (§ 141 Abs. 2 SGB V) unmittelbar durch die Selbstverwaltung[29],

[28] §17 Abs. 2a S.3 bis 9 n.F. BPflV; die Konfliktlösung erfolgt durch die Bundesschiedsstelle (§18a Abs. 6 KHG); durch die Verschiebung der Detailregelung zur Abrechnung von Fallpauschalen und Sonderentgelte aus dem Verordnungstext in die Entgeltkataloge (Anlage 1 und 2) werden ebenfalls zur Herbeiführung größerer Flexibilität die Selbstverwaltungskompetenzen erweitert.

[29] §6 Abs. 1 und 2 n.F. BPflV

- die Lockerung der Budgetbindung der Krankenhäuser bei ausländischen Patienten, die zur Behandlung in die Bundesrepublik einreisen, als Stärkung der Trägerautonomie[30]

- die Zurücknahme staatlicher Kompetenzen und Überlassung der Regelungsverantwortung an die Selbstverwaltungspartner bei der Pflegepersonalregelung[31] und der gemeinsamen (ambulanten und stationären) Großgeräteplanung.[32]

Die einzelnen gesetzgeberischen Maßnahmen waren so angelegt, daß sich ihre Auswirkungen erst in den nächsten beiden Jahren zeigen sollten.

V. Die strukturellen und organisatorischen Schwachstellen des stationären Sektors

1. Neben der Dynamik der modernen Medizin mit ihren vielfältigen Auswirkungen auf die Volkswirtschaft haben die erheblichen Steigerungen der Ausgaben der GKV insgesamt und speziell bei den Ausgaben für Krankenhausbehandlung eine ständige Diskussion über Unwirtschaftlichkeiten im Versorgungssystem ausgelöst.[33] Aus der Sicht vor allem der Gesundheitsökonomen werden bei der Krankenhausfinanzierung Fehlentwicklungen angenommen, die sich in Mängeln des Steuerungssystems, der Finanzträgerschaft und des Entgeltverfahrens widerspiegeln. Es ist festzustellen, daß eine Reihe von gesundheits- und sozialpolitischen Faktoren die grundlegenden Schwachstellen des Krankenhaussektors bedingen. Es handelt sich dabei im wesentlichen um strukturelle Mängel wie

- regional und fachspezifische inadäquate Angebotsstrukturen wie Überangebot an Versorgungsleistungen,

- Unterversorgung auf einzelnen speziellen Fachgebieten,

- fehlende Vernetzung der medizinischen und sozialpflegerischen Versorgungsbereiche,

---

30 §3 Abs. 4 n.F. BPflV

31 Die Pflege-Personalregelung vom 21.12.1992 (BGBl.I S.2266, 2316) i.d.F. vom 17.4.1996 (BGBl. I S.629) ist mit Wirkung zum 1.1.1997 nach Art. 13, Art. 19 Abs. 3 2. GKV-NOG aufgehoben.

32 §85 Abs.2a a. F. , §122 a.F.,§10 KHG sind zum 1.7.1997 durch Art.1 Nr. 28b und Nr. 44 sowie Art. 2 2. GKV-NOG aufgehoben worden.

33 S. hierzu im einzelnen die zusammenfaßende Darstellung im Endbericht der Enquete-Kommission des 11. Deutschen Bundestages „Strukturreform der gesetzlichen Krankenversicherung“ V.Stationäre Versorgung RdNr. 47, 48.

- Kooperations- und Koordinationsdefizite besonders beim Einsatz der Medizintechnik.

Die bestehende staatliche Krankenhausplanung im Rahmen des dualen Finanzierungssystem hat die Mängel und Fehlentwicklungen nur teilweise verhindern oder beseitigen können.

Neben den strukturellen Problemen treten aber heute aufgrund des wachsenden Kostendrucks und eine Verstärkung auch wettbewerblicher Elemente bei der Leistungserbringung Fragen der Organisationsentwicklung der Kliniken[34]in den Vordergrund.

2. Der Ressourceneinsatz im Krankenhauswesen ist in Deutschland höher als in vergleichbaren Ländern. Ob damit die Gesundheitsergebnisse besser sind, wird in Fachkreisen bezweifelt.[35] Bei den von der OECD verwendeten Indikatoren für die Gesundheitsergebnisse schnitt die Bundesrepublik allein bei der Säuglingssterblichkeit besser ab, als der Durchschnitt der untersuchten Länder. Es gibt mehr Ärzte, mehr Krankenhausbetten und eine überdurchschnittlich lange Verweildauer bei Klinikaufenthalten.[36] So betrug (1996) die Zahl der Krankenhausbetten auf 10 000 Einwohner in Deutschland 72, während es in Frankreich nur 46, in den Niederlanden 39 und in Großbritannien sogar nur 20 waren. Deutsche Patienten lagen im Durchschnitt 11,4 Tage im Krankenhaus. In den Niederlanden wurde ein Patient nach 9,9 Tagen und in Frankreich nach nur 5,9, Tagen entlassen. Im Zusammenhang mit dem Problem der Überkapazitäten im Krankenhaus greift der Krankenhaus-Report 98 die Feststellung einiger Gesundheitsökonomen auf, daß die Krankheitskosten im letzten Lebensjahr um Vielfaches höher liegen, als die Krankheitskosten im gesamten vorangegangenen Leben, und zwar weitgehend unabhängig davon wie alt der Patient ist. Allein im letzten Lebensmonat fallen 40% der Gesundheitsausgaben des letzten Lebensjahres an, vor allem im stationären Bereich. Denn in Deutschland stirbt mittlerweile jeder Zweite in einem Krankenhaus. Sowohl die Verweildauer als auch die Fallkosten von Patienten, die sterben, sind dreimal so hoch wie bei nicht verstorbenen Patienten. Daraus wird gefolgert, daß von Ärzten versucht wird den Tod mit immer aufwendigeren medizinischen und medizinisch-technischen Methoden hinauszuschieben und ggf. zu verhindern. Es mag sicher gefragt werden, ob der medizinische Fortschritt in Fällen,

---

[34] Zu den zukünftigen Herausforderungen für das ärztliche Krankenhausmanagement aus medizinischer, rechtlicher und ökonomischer Sicht Genzel/Siess MedR 1999, 1.

[35] Der Krankenhaus-Report 98, G.Fischer Verlag Stuttgart; der durchschnittliche Krankenhausaufenthalt kostet (1996) 6210 DM pro Krankenhausfall oder 557 DM je Pflegetag; im Durchschnitt waren 22 Ärzte und 73Pflegekräfte für je 100 Krankenhausbetten zuständig.

[36] Die Säuglingssterblichkeit lag bei 5 je 1000 Lebendgeburten; OECD- Durchschnitt 7 je 1000 Geburten.

in denen der Patient nicht geheilt werden kann, sondern der Zeitpunkt des Todes nur hinausgeschoben wird, sich als Segen oder Fluch erweist?

Sollten nicht verstärkt Strukturen geschaffen werden, die berücksichtigen, daß Patienten die Lebensqualität ihrer letzten Tage wichtiger ist, als die Länge der ihnen verbleibenden Lebenszeit?

3. Die Ursachen für das große Kapazitätsvolumen im stationären Bereich[37] sind vielfältig. Ein wesentlicher Faktor liegt in der Funktion der staatlichen Krankenhaus(bedarfs)-planung begründet. (§ 1 Abs. 1, § 6 KHG) Die Länder haben aufgrund ihrer Planungshoheit zur Sicherstellung einer bedarfsgerechten Versorgung der Bevölkerung mit leistungsfähigen Krankenhäusern Krankenhauspläne und Investitionsprogramme (Jahresbauprogramme) aufzustellen und entsprechend der Entwicklung laufend fortzuschreiben (§ 6 Abs. 1 KHG). Planung bedeutet, den sich ständig verändernden Versorgungsbedürfnissen Rechnung zu tragen. Sie ist keine Festschreibung von Versorgungskapazitäten, sondern ein kontinuierlicher Vorgang zur bestmöglichen Zielerreichung. Sie ist Bedarfsfeststellungs- und Versorgungsplanung, indem die gesundheitspolitischen Zielvorstellungen räumlich, fachlich, qualitativ (z.B. Versorgungs- und Leistungsstufen) und quantitativ (Zahl der vorzuhaltenden Betten und Behandlungsplätzen in Krankenhäusern) durch Planungsentscheidungen umgesetzt werden. Mit der Aufnahme eines Krankenhauses in den Krankenhausplan und ggf. in ein Investitionsprogramm übernimmt der Staat die Investitionskosten im Wege der öffentlichen Förderung (§ 8 Abs. 1 S.1 KHG). Über die Pflegesätze sind die Betriebskosten durch die Benutzer oder ihrer Kostenträger vor allem die gesetzlichen Krankenkassen zu finanzieren (§ 17 Abs. 1 S.2 KHG, § 2, § 10 BPflV, § 109 Abs. 4 SGB V). Eine zentrale Versorgungsplanung setzt die Ermittlung des notwendigen Bedarfs an medizinischen Leistungen voraus. Das Krankenhausfinanzierungsrecht von Bund- und Ländern enthält keine normativen Vorgaben zur Feststellung des notwendigen Bedarfs. Die Größe des Leistungsbedarfs ist unter eindeutigen objektiven Kriterien kaum ermittelbar, da er von einer Vielzahl von Faktoren abhängt.

Im Blick auf die Relativität des Gesundheits- und Krankheitsbegriffs, der Therapiefreiheit des Arztes, die Anerkennung neuer Diagnose- und Therapieverfahren und die Entwicklung neuer Medizintechnologie erscheint es bei Anwendung der gegenwärtig verfügbaren und praktizierten Methoden nicht möglich allgemein gültige Bedarfsmaßstäbe aufzustellen.[38] Vor allem die Festlegung des prognostischen Bedarfs, die Bestimmung der mittel- und längerfristig erforderlichen Kran-

---

[37] In den 2269 Krankenhäusern der Bundesrepublik Deutschland befanden sich 1996 593 700 Betten. Darin wurden 15,2 Mio. Patienten betreut.

[38] Im einzelnen zur Krankenhaus(bedarfs)planung Genzel in Laufs/Uhlenbruck Handbuch des Arztrechts 2. neubearb. Aufl. 1999 §86 RdNr. 36 bis 43.

kenhausleistungen stößt im Hinblick auf die rasch voranschreitende medizinische Entwicklung und den Panoramawandel der Krankheiten auf erhebliche Schwierigkeiten.

Dazu kommt, daß die Ermittlung und Feststellung des Versorgungsbedarfs an Krankenhausleistungen wegen der aus sozialstaatlichen Gründen gebotenen Bereithaltungsfunktion der Krankenhäuser erheblich von gesundheitspolitischen Vorgaben abhängt.

Die bedarfsplanerische Bemessungsgröße „Krankenhausbett“ wird heute den möglichen modernen teilstationären Versorgungsformen wie Tag/Nachtkliniken nicht mehr gerecht. Auch die als „Krankenhausbehandlung“ gesetzlich vorgegebenen (§ 39 Abs. 1 S.1 und 2 SGB V) ambulanten Versorgungsformen wie vor- und nach-stationäre Behandlung (§ 115a SGB V) und das ambulante Operieren (§ 115b SGB V) finden bisher in die Krankenhausplanung keinen zureichenden Eingang.

Der Grundsatz der Nachrangigkeit der vollstationären Versorgung (§ 39 Abs. 1 S.2, § 73 Abs.4 SGB V) ist bisher in der Praxis nicht annähernd umgesetzt.[39] Teilstationäre Versorgungsformen machen heute lediglich rd. 2% bis 3% der Versorgung mit Krankenhausleistungen aus. Zurückzuführen ist dies auch darauf, daß bisher im Rahmen der kollektiven zweiseitigen Verträge ein Katalog von Leistungen,

> *„die in der Regel teilstationär erbracht werden können"*

(§ 112 Abs. 1 Nr.2 SGB V) nicht existiert. Das zukünftige Leistungsangebot der Kliniken wird verstärkt funktional und bettenunabhängig auszurichten sein. Die Einbeziehung und Berücksichtigung des sozialen ambulanten und stationären Pflegebereichs ist bisher ebenfalls landesplanerisch nicht hinreichend gelöst, obwohl davon der Umfang der Krankenhauskapazitäten abhängt.

Als Instrument zentraler Struktur- und Investitionslenkung kann die Krankenhausplanung ihre Wirkung vor allem aber auch deshalb nur unvollständig erreichen, weil sie angebotsorientiert ist, und damit in der Tendenz auf eine Überversorgung ausgerichtet ist. Planerisches Ermessen unter politischen Zielvorgaben führen zu einem Optimum, wenn sie nicht in einen finanziellen, beschränkenden Rahmen gestellt werden. Der Schritt hin zu einer mehr morbiditätsorientierten Krankenhausplanung und damit mehr die Nachfrage berücksichtigende Planung konnte bisher nicht getan werden, weil die vorhandene Datenlage dies nicht zuließ. Das Fehlen einer Gesundheitsberichterstattung macht sich hier besonders gravierend bemerkbar.

---

[39] Krankenhausfallanalysen zeigen, daß bis zu 20% der Berechnungstage als Potential für die Verlagerung in den ambulanten Sektor betrachtet werden können.

4. Die Durchsetzung des das gesamte Versorgungssystem beherrschenden Grundsatzes „ambulant vor stationär“[40] focusiert rechtlich auf das gesetzliche Tatbestandsmerkmal „Krankenhausbehandlungsbedürftigkeit“. Die Behandlung in einem Krankenhaus

> *„muß erforderlich sein, um das Behandlungsziel, nämlich eine Krankheit zu erkennen, zu heilen, ihre Verschlimmerung zu verhüten, Krankheitsbeschwerden zu lindern und Geburtshilfe zu leisten, zu erreichen"* (§ 2 Nr.1 KHG, § 107 Abs. 1 SGB V).

Sie muß die allein medizinisch notwendige und geeignete Behandlungsform sein. Die Behandlungsbedürftigkeit in einer Klinik beurteilt sich nach objektiven Kriterien, die richterlich überprüfbar sind[41]. Nach Art und Schwere der Erkrankung muß sie sich mit Aussicht auf Erfolg nur in einem Krankenhaus, mit dessen besonderen Einrichtungen und Mitteln behandeln lassen. Dem Krankenhaus in der Person des zuständigen fachkompetenten Arztes („Facharztstandard“) obliegt die Prüfung und eigenverantwortliche Entscheidung über die Aufnahme.(§ 39 Abs. 1 S. 2 SGB V) Die Bewertung des einweisenden niedergelassenen Arztes, der seine Entscheidung bei der Verordnung von Krankenhausbehandlung zu begründen hat (§ 73 Abs. 4 S.2 SGB V), muß der aufnehmende oder behandelnde Krankenhausarzt fachlich berücksichtigen. Erfolgt eine Versorgung in einem Krankenhaus, obwohl bei objektiver Prüfung des Krankheitsbildes keine Krankenhausbehandlungsbedürftigkeit bestand, ist ein Leistungsanspruch ausgeschlossen. Dies gilt für die gesamte Dauer des Krankenhausaufenthalts. Die Krankenkassen sind verpflichtet, in den entsprechenden Fällen die medizinischen Voraussetzungen für die Notwendigkeit der Krankenhausbehandlung vom MDK überprüfen zu lassen (§ 275 Abs. 1 Nr.1 SGB V). Die gezielte Einschaltung des MDK zur Vermeidung von Fehlbelegungen und der Abbau bestehender Fehlbelegungen im gesetzlich vorgegebenen Rahmen ist von der GKV zu forcieren (§ 17a Abs. 2 KHG). Die nähere Festlegung von Regelungen über die Aufnahme von Patienten in ein Krankenhaus und die Feststellung der Notwendigkeit der Krankenhausbehandlung hat von den Partnern der Selbstverwaltung in den unmittelbar für Krankenhäusern und Krankenkassen verbindlichen zweiseitigen Verträgen zu erfolgen (§ 112 Abs.2 Nr.1 und 2 SGB V).

Es kann aufgrund von Untersuchungen der gesetzlichen Krankenkassen[42] davon ausgegangen werden, daß das Potential ambulanter Leistungen an Stelle stationärer Versorgung nicht hinreichend ausgeschöpft ist. Dies wird zukünftig erhebliche Konsequenz für die Vorhaltung von Krankenhausbetten haben müssen. Es ist eine allgemeine Erfahrungstatsache, daß ein Leistungsangebot, daß nicht bedarfsnot-

---

[40] Herkömmlich bezeichnet wie: „soviel ambulant als möglich, soviel stationär als nötig“.
[41] Zur umfangreichen Rspr. S. Krauskopf SozKV §39 RdNr. 14.
[42] Z.B. Krankenhausfallanalyse aus dem AOK- Bereich Magdeburg 1994 – 1996 in G+G (Gesundheit und Gesellschaft) 1999 Heft 3 S.16

wendig und damit auch unwirtschaftlich ist, einen nicht unwesentlichen Beitrag zu einer steigenden Krankenhaushäufigkeit leistet.

5. Besondere Problemfelder ergeben sich im Zusammenhang mit der sog. sozialmedizinischen Indikation bei der Inanspruchnahme von Krankenhausleistungen. Der Patient wird in einem Krankenhaus medizinisch, pflegerisch versorgt, obwohl seine gesundheitlichen Probleme effektiver und effizienter durch andere Einrichtungen behandelt werden könnten. Die Folge ist, daß Betten in Krankenhäusern einschließlich der gesamten Infrastruktur fehlbelegt sind[43]

Mit der Einführung der sozialen Pflegeversicherung[44] verband der Gesetzgeber die Erwartung, daß im Krankenhausbereich Fehlbelegungen abgebaut werden können. § 17a Abs. 1 KHG verpflichtet deshalb die Krankenhausträger sicherzustellen, daß keine Patienten in das Krankenhaus aufgenommen werden oder dort verbleiben, die nicht oder nicht mehr der stationären Behandlung bedürfen. Diese Bestimmung enthält aber keine Sanktion für den Fall, daß nicht der Krankenhausbehandlung bedürftige Patienten im Krankenhaus verweilen. Es gelten vielmehr die allgemein vertragsrechtlichen Grundsätze, wonach das Entgelt durch die Kostenträger im Einzelfall vermindert oder überhaupt verweigert werden kann.

Um den Handlungsdruck für die Krankenhäuser zu verstärken, ist mit dem BeitrEntlG[45] § 17a Abs. 3 KHG neugefaßt worden. Es besteht nunmehr die gesetzliche Verpflichtung der Pflegesatzparteien (§ 18 Abs. 2 KHG) durch eine entsprechende Kürzung des Budgets nach § 12 BPflV sicherzustellen, daß Fehlbelegungen abgebaut werden; dabei ist für die Jahre 1997 bis 1999 jeweils mindestens ein 1%iger Abzug auf das Budget und die pauschalierten Entgelte (Fallpauschalen, Sonderentgelte) vorzunehmen[46]. Rechtlich problematisch ist die Kürzung deshalb, weil sie unabhängig davon erfolgt, ob tatsächlich in einem Krankenhaus Fehlbelegungen mit Pflegefällen bestehen und sich auch auf Abteilungen erstreckt, bei denen Fehlbelegungen aus sozialen Gründen praktisch ausgeschlossen sind (z.B. Kinderkliniken, geburtshilfliche Abteilungen, intensiv-medizinische Einrichtungen). Es wird durch den Gesetzgeber unterstellt, daß in allen Kliniken ein bestimmter Prozentsatz von Patienten sich befindet, bei denen keine Notwendigkeit einer Krankenhausbehandlung gegeben ist. Es besteht in den drei Jahren eine unwiderlegbare Vermutung der Fehlbelegung. Benachteiligt werden vor allem Klini-

---

[43] s. hierzu Bericht der Sachverständigenrats für die Konzertierte Aktion im Gesundheitswesen 1987 und 1988.

[44] Gesetz zur sozialen Absicherung des Risikos der Pflegebedürftigkeit v. 26.5.1994 (BGBl. I 1014)

[45] Gesetz zur Entlastung der Beiträge der gesetzlichen Krankenversicherung (Beitragsentlastungsgesetz) – BeitrEntlG v. 1.11.1996 (BGBl. I S.1631)

[46] Dadurch sollen die gesetzlichen Krankenkassen jährlich um 800 Mio. DM entlastet werden.

ken, die konsequent den Abbau von Bettenkapazitäten durchführten und die eine kurze Verweildauer haben, sowie teilstationäre Versorgungsmöglichkeiten eröffnet haben.

6. Die allein historisch begründbare Gliederung des deutschen Gesundheitswesens in ambulante, stationäre Versorgung und öffentlicher Gesundheitsdienst führt zu nicht unerheblichen Kommunikations- und Koordinationsproblemen. Übergänge aus dem einen in den anderen Bereich bedeuten oftmals eine Unterbrechung der Behandlungsabläufe. Es liegen darin beschränkende Elemente für die gebotene einheitliche ärztliche Betreuung. Vor allem die scharfe Trennung zwischen der ambulanten und der stationären medizinischen Behandlung führt regelmäßig zu systembedingten Doppelleistungen auf diagnostischem Feld, zu einer nicht wirtschaftlichen Nutzung medizinisch-technischer Apparaturen und zu Kommunikationsdefiziten zwischen niedergelassenen Ärzten und dem Krankenhaus. Die unzureichende Verzahnung und Vernetzung der einzelnen Leistungsbereiche zu beseitigen war u.a. ein wesentliches Reformziel des Gesundheitsreformgesetzes 1988 (GRG) [47] und besonders des Gesundheits-Strukturgesetzes (GSG)[48]. Strukturmängel sollten aus Gründen der Rationalität beseitigt oder zumindest entschärft werden.[49] Dies sollte erfolgen durch:

- Neufassung der Bestimmungen über die Teilnahme (Ermächtigung)von Krankenhausärzten und Krankenhauseinrichtungen an der vertragsärztlichen Versorgung (§ 95 Abs. 1, § 116, § 98 Abs. 2 Nr.11 i.V.m. §§ 31, 31a Ärzte-ZV, § 120 SGB V)

- erweiterte Ermächtigungs- und Vergütungsregelungen für die poliklinische Versorgung, nämlich poliklinische Institutsambulanzen der Hochschulen (§ 117 SGB V), psychiatrische Institutsambulanzen (§ 118 SGB V) und sozialpädiatrische Zentren (§§ 119; 120 SGBV),

- Weiterentwicklung eines Systems von kollektiven verbindlichen zwei- und dreiseitigen Verträgen auf Landesebene und Rahmenempfehlungen auf Bundesebene über die Krankenhausbehandlung und die Verzahnung mit dem ambulanten medizinischen Versorgungsbereich, insbesondere die Förderung des Belegarztwesens und die Behandlung in Praxiskliniken (§§ 112, 115, 121 SGB V),

---

[47] Gesundheitsreformgesetz v. 20.12.1988 (BGBl. I S.2477)

[48] Gesetz zur Sicherung und Strukturverbesserung der gesetzlichen Krankenversicherung (Gesundheits-Strukturgesetz) v. 21.12.1992 (BGBl. I S.2266).

[49] Zum GRG im einzelnen Genzel, BayVerwBl. 1989,481; zum GSG im einzelnen ders. MedR 1994, 83.

- Erweiterung des Behandlungsumfanges des Krankenhauses durch die Zulassung von ambulanten Versorgungsformen (§ 39 Abs. 1 S.1 SGB V), nämlich die vor- und nachstationäre -Behandlung (§ 115a SGB V) und das ambulante Operieren (§ 115b SGB V),

- durch die Abstimmung des Bedarfs und des Standorts von medizinisch-technischen Großgeräten zwischen ambulanten und stationären Bereich in einem Großgeräteausschuß (§ 122 a.F. SGB V).

In der Tendenz war das neue Recht auf eine stärkere Betonung der Steuerung der Versorgung durch die gemeinsame Selbstverwaltung von Krankenhäusern , Krankenkassen und niedergelassenen Ärzten an Stelle staatlicher administrativer Einwirkungen ausgerichtet. Zur Steigerung von Effizienz und Effektivität wurden korporatistische Lösungen bevorzugt. Die Selbstverwaltung hat das breite Instrumentarium nur unzureichend genutzt. Die vorgegeben ambulanten Versorgungsformen im Krankenhaus blieben aus verschiedenen Gründen, -vor allem fehlte es an wirtschaftlichen Anreizen für die Kliniken-, ohne größere Bedeutung. Die jahrelang geforderte gemeinsame Großgeräteplanung wurde durch das 2. GKV-NOG wieder beseitigt, weil sie nach Auffassung des Gesetzgebers das Entstehen von Überkapazitäten nicht verhindern konnte[50]. Jedenfalls hat die gemeinsame Großgeräteplanung in einzelnen Ländern durch Initiierung von Kooperationsmodellen einen nicht unerheblichen Beitrag zur Wirtschaftlichkeit geleistet.[51]

7. Neben den Schwachstellen in den Versorgungsstrukturen treten heute infolge des erheblichen Rationalisierungsdrucks in den Kliniken Mängel und Schwächen der betrieblichen Organisation verstärkt zu Tage. Der gesetzliche Gestaltungsauftrag, die bedarfsgerechte Versorgung der Bevölkerung mit

„leistungsfähigen, eigenverantwortlich wirtschaftenden Krankenhäusern"

zu gewährleisten (§ 1 Abs. 1 KHG), muß dazu führen, daß Kliniken vor allem in öffentlicher Trägerschaft rechtlich und wirtschaftlich verselbständigt und betriebswirtschaftlich selbstverantwortlich geführt werden. Auch das Vergütungsrecht knüpft an die *„wirtschaftliche Betriebsführung"* an (§ 17 Abs. 1 S.3 KHG, § 3 Abs. 1 S.3 BPflV)[52]. Neben dem staatlichen und kommunalen Eigenbetrieb

---

[50] Durch Art. 1 Nr.28b, 44, Art.8 Nr.2 2.GKV-NOG wurden §122, §85 Abs. 2a SGB V, §10 KHG aufgehoben. Zur Frage der Bedeutung des Wegfalls der Großgeräteplanung Genzel in Laufs/Uhlenbruck, Handbuch des Arztrechts, § 87 RdNr. 66 und 67 und ders. MedR 1997,479,490.

[51] In Bayern wurden unter Geltung des §122 SGB V bei MSR-Geräten über 80% der Geräte als Kooperationsmodelle abgestimmt.

[52] Die Pflegesätze müssen leistungsgerecht sein und einem Krankenhaus bei wirtschaftlicher Betriebsführung ermöglichen den Versorgungsauftrag zu erfüllen.

gewinnen deshalb in den letzten Jahren auch privatrechtliche Gesellschaftsformen (z.B. gemeinnützige GmbH) für öffentliche Krankenhausträger immer mehr Bedeutung.[53]

Eine Verstärkung des Steuerungsinstrumentariums der Selbstverwaltung auf Verbandsebene führt konsequenterweise auch zu einer Neubewertung der Trägerautonomie und damit der Trägerverantwortung für effiziente Leitungs- und Organisationsstrukturen der Kliniken. Die verstärkte Einbindung des ärztlichen Dienstes in die Führungs- und Organisationsverantwortung steht dabei im Vordergrund.[54] Die Neugestaltung der Aufbau- und Ablauforganisation wird in den Kliniken in den nächsten Jahren zu intensivieren sein. Die Dominanz betriebswirtschaftlicher Überlegungen ist dabei aus existentiellen Gründen nicht zu vermeiden. Die Betriebsstrukturen im Krankenhaus und die Betriebsabläufe im arbeitsteiligen Behandlungsprozeß entsprechen vielfach nicht modernen Organisationsanforderungen. Es liegt hier ein großer „Modernisierungsbedarf". Auch in einem „nonprofit"-Unternehmen wie einem Krankenhaus können die in Industrie und Gewerbe entwickelten, in der Praxis bewährten Grundsätze modernen Managments, selbstverständlich unter Beachtung des humanitären Betriebszieles einer Klinik modifiziert angewendet werden.

Ein modernes Prozeßmanagement, nämlich eine unternehmerische Ausgestaltung des Leistungserstellungsprozesses, ist heute von grundlegender Bedeutung. Die Verbesserung der bestehenden konkreten Arbeitsabläufe im Krankenhaus bedeutet ein Ausschöpfen von Rationalisierungsreserven. Die Übernahme bewährter betriebswirtschaftlicher Managementsysteme zur Prozeßsteuerung führt dann zu einer Optimierung des betrieblichen Leistungs- und Kostengeschehens, wenn das Klinikmanagment die grundlegenden Zusammenhänge erkennt und die Steuerungsmöglichkeiten zu handhaben versteht. Die Focusierung auf den Prozeßgedanken ist eine Voraussetzung zur Bewältigung der gegenwärtigen und zukünftigen Herausforderungen für ein Krankenhaus. Die Implementierung des Prozeßmanagment im weiten Sinne, einschließlich des Qualitätsmanagments, ist für die Kliniken unabdingbar geworden. Hohe persönliche Qualitätsanforderungen auch was das rechtlich-organisatorische und ökonomische Wissen anbelangt, sind deshalb sowohl für die Klinikträgerorgane und als auch die leitenden Klinikmitarbeiter von herausragender Bedeutung. Betriebliche Schwachstellen in den Leitungsstrukturen der Kliniken erschweren oder gefährden die Bewältigung der anstehenden Herausforderungen. In einer Diskussion um mehr Gesundheit wurde unlängst festgestellt:

---

[53] S. hierzu Genzel in Laufs/Uhlenbruck, Handbuch des Arztrechts 2. neubearb. Aufl. 1999 § 83 RdNr. 39a.

[54] Zu den ärztlichen Leitungs- und Organisationsstrukturen im modernen Krankenhaus Genzel/Siess MedR 1999, 1.

„Das deutsche Gesundheitswesen ist reich. Wir leisten uns medizinisches High-Tech und ärztliche Spitzenexperten mit guten Gehältern. Wir leisten uns sogar den Luxus, kein Managment vorzuhalten, das in der Lage ist aus diesen hochfragmentierten Teilsegmenten ein Ganzes zu gestalten"

Gilt dies für den Krankenhausbereich nicht in ganz besonderer Weise?

VI. Die wesentlichen Schwerpunkte der Strukturreform 2000 für den Krankenhausbereich

1. Nachdem mit dem Gesetz zur Stärkung der Solidarität in der GKV (GKV-SolG) vom 19.12. 1998[55] zur Sicherung der Beitragssatzstabilität im Jahre 1999 - gedacht als Vorschaltgesetz-, die Ausgaben auch für die stationäre Krankenhausbehandlung begrenzt wurden (feste Budgetierung), -grundsätzlich müssen gegenüber der Budgetvereinbarung 1998 zusätzlich erbrachte stationäre Leistungen 1999 aus dem zuwachsbegrenzten Budget finanziert werden-, ist für die anstehende Strukturreform 2000 ein grundlegender Kurswechsel mit einer fundamentalen Systemänderung im Krankenhausbereich beabsichtigt.

Die Gesundheitsreform 2000 soll allgemein:

- eine qualitativ hochwertige, zweckmäßige und wirtschaftliche Gesundheitsversorgung innerhalb des solidarischen Krankenversicherungssystems sichern,
- ein Gesundheitssystems festigen, das die Selbstbestimmungsansprüche der Patienten achtet, ihre Eigenkompetenz stärkt und ihnen systembedingte Doppel- und Mehrfachuntersuchungen erspart,
- der Gesundheitsförderung, Vorsorge und Rehabilitation einen hohen Stellenwert einräumt,
- einen effizienten Einsatz der Finanzmittel der GKV und eine dauerhafte Stabilisierung der Beitragssätze sichern.

Ziele, die bereits seit über zwanzig Jahre die politische Diskussion und die Gesetzgebung mit verschiedenen Akzenten bestimmen.

---

[55] BGBl. I S. 3853

Der Referentenentwurf geht davon aus, daß das gegenwärtige Finanzierungsvolumen der GKV mit seiner Anbindung an die Entwicklung der beitragspflichtigen Einnahmen zur Sicherstellung einer medizinischen Versorgung auf hohem qualitativen Niveau und stabilen Beiträgen dann ausreicht, wenn die ressourcenverzehrenden Defizite in der Versorgung durch Rationalisierung beseitigt werden. Eine Politik der Rationierung, die medizinisch indizierte Leistungen aus der GKV herausnimmt, soll dadurch vermieden werden. Stabile Beitragssätze und hohe Versorgungsqualität sind danach miteinander vereinbare Ziele.

Die GKV sollen zukünftig bei der Kapazitätsplanung und Steuerung der stationären Versorgung erweiterte Kompetenzen erhalten und diese aufgrund ihrer Finanzierungsverantwortung auch durchsetzen können.[56] Der spezielle Handlungsbedarf für neue gesetzliche Regelungen im Krankenhausbereich wird in der Abschaffung des dualen Finanzierungssystems, der Beteiligung der Krankenkassen an der Kapazitätsplanung und Investitionssteuerung und der leistungsgerechten Mittelverteilung durch ein durchgängiges pauschaliertes Entgeltsystem gesehen.

Im Mittelpunkt der vorgesehenen gesetzgeberischen Maßnahmen steht deshalb:

1. die Neuordnung des Finanzierungssystems,

2. die bessere Verzahnung von ambulanter und stationärer Versorgung,

3. die Stabilisierung der Beitragssätze der Krankenkassen und die Erleichterung der sektorenübergreifenden Versorgung durch ein Globalbudget,

4. die Verbesserung der Qualität der gesundheitlichen Versorgung durch ein umfassendes Qualitätsmanagement.

Wenn auch mit Sicherheit im Rahmen der parlamentarischen Beratung verschiedene inhaltliche Änderungen bei den Detailregelungen zu erwarten sind, so kann doch eine Bewertung der Grundlinien des Gesetzentwurfs unter gesundheitspolitischen, rechtlichen und ökonomischen Aspekten bereits gegenwärtig erfolgen.

2. Ausgehend von der Feststellung, daß die duale Finanzierung der stationären Versorgung, nämlich die öffentliche Förderung der Investitionskosten durch den Staat (die Länder) und die Betriebskostenfinanzierung durch die Benutzer oder

---

[56] „Die gesetzliche Krankenversicherung ist der Garant dafür, daß die umfassenden Versorgungsleistungen der breiten Bevölkerung zur Verfügung stehen und für die Versicherten unabhängig von der Höhe ihres Einkommens bezahlbar bleiben. Um diesen Versorgungsstandard zu erhalten und weiterzuentwickeln, bedarf es jedoch erhöhter Anstrengungen, die vorhandenen Finanzmittel in der gesetzlichen Krankenversicherung zielorientiert und effizient einzusetzen" (Präambel des Eckpunktepapiers Seite 3)

ihre Kostenträger über die Pflegesätze (§ 4 KHG), eine ökonomisch effiziente Steuerung verhindere, wird der Übergang zur monistischen Finanzierung der Krankenhäuser seit längerem immer wieder gefordert.[57] Haupteinwand der Vertreter der Monistik im Krankenhaus ist, daß die Trennung von Investitions- und Betriebsmittelfinanzierung es den Krankenkassen, die mit etwa 80% an der Finanzierung der Gesamtkosten einer Klinik beteiligt sind, erheblich erschwere, auf die Betriebskosten einzuwirken, da diese durch staatliche Planungs- und Investitionsentscheidungen in erheblichem Umfang prädestiniert seien. Für den Krankenhausträger führe eine monistische Finanzierung zu mehr Flexibilität und Handlungsautonomie. Auch eine zeitnähere Erschließung der Finanzierungsquellen sei zu erwarten, da nicht mehr die Abhängigkeit von der staatlichen Haushaltssituation bestehe. Die Befürworter einer monistischen Krankenhausfinanzierung erkennen an, daß diese Finanzierungsart kein Wert an sich sei, sondern unlösbar mit einer umfaßenden Neuordnung der Krankenhausplanung verbunden sein müsse. Die Planungshoheit der Länder und ihre Kompetenz für die Krankenhausplanung (§ 6 KHG) müsse konsequent eingeschränkt werden, um zu wirtschaftlicheren Versorgungsstrukturen zu kommen.

2.1. Ein Rückblick auf die defizitäre Auswirkungen einer monistischen Finanzierung des Krankenhausbereiches unter der Geltung der Pflegesatzverordnung 1954[58] läßt es zweifelhaft erscheinen, ob eine Wiedereinführung monistischer Grundsätze die problematischen Fragen der Krankenhausfinanzierung zu lösen vermögen.

Der Bericht der Krankenhaus-Enquete 1969[59] bestätigte, daß die Krankenhäuser durch die Verordnungsregelung jahrelang erheblich Defizite hinnehmen mußten[60]. Es setzte sich die Überzeugung durch, daß die Lösung dieses Problems nicht allein den Sozialleistungsträgern, vor allem der GKV über höhere Pflegesätze überlassen werden konnte. Auszugehen sei, daß die Versorgung der Bevölkerung mit Krankenhausleistungen eine öffentliche Aufgabe im Rahmen der Daseinsvorsorge sei. Der Staat habe deshalb die Vorhaltekosten für lang- mittel- und kurzfristige Investitionen zu übernehmen. Die Benutzer oder ihre Kostenträger, die GKV hätten für die Kosten der Versorgung, der ärztlichen Behandlung und pflegerischen Betreuung aufzukommen.

Das KHG 1972 führte deshalb neben dem Grundsatz der Selbstkostendeckung die duale Finanzierung als bestimmende Prinzipien ein. Das geltende Recht geht da-

---

57 Zum Meinungsstreit zusammenfassende Argumente s. Endbericht der Enquete-Kommission des 11. Deutschen Bundestages „Strukturreform der gesetzlichen Krankenversicherung" Band I S.237, 238.

58 Verordnung PR Nr. 7/54 v. 31.8.1954 (BanzNr. 173) ergangen aufgrund des Preisgesetzes vom 10.4. 1948 (WiGBl. S.27)

59 Bericht vom 19.5.1969 (BT-Drucks. V/4230)

60 Sie betrugen Ende der 60iger Jahre jährlich rd.1 Mrd. DM

von aus, daß die Länder die gesundheitspolitische Verantwortung dafür tragen, daß eine bedarfsgerechte Versorgung der Bevölkerung mit leistungsfähigen Krankenhäusern sichergestellt wird. (§ 1, § 6 KHG).

Bei den planerischen Entscheidungen sind die Folgekosten zu berücksichtigen. Einvernehmliche Regelungen mit den Beteiligten, insbesondere mit den gesetzlichen Krankenkassen sind anzustreben (§ 7 KHG). Die Folge war, daß in der Vergangenheit im Rahmen der staatlichen Krankenhausplanung die rechtlichen und wirtschaftlichen Interessen der Beteiligten, insbesondere der Krankenkassen weitgehend gewahrt wurden.[61]

Nunmehr soll dieses wesentliche Element der Finanzierung der Krankenhäuser beseitigt werden und schrittweise die monistische Finanzierung der Krankenhauskosten und Leistungen durch die Benutzer bzw. ihre die Kostenträger, in der Regel die gesetzlichen Krankenkassen, eingeführt werden. Dadurch sollen die Investitionskosten und die Folgekosten betriebswirtschaftlich zusammengeführt werden.

2.2. In der Vergangenheit gab es Ansätze den Grundsatz dualer Finanzierung zu durchbrechen; so konnten die Pflegesatzparteien die Finanzierung von Rationalisierungsinvestitionen über die Pflegesätze vereinbaren (§ 18b KHG). Die praktische Auswirkung dieser Möglichkeit blieb jedoch im Hinblick auf die ständig steigenden Ausgaben der GKV für den Krankenhausbereich eng begrenzt.

2.3. Die seit 1993 aufgrund der Rechtssprechung des BVerwG[62] ungeklärte Finanzierung der Instandhaltungskosten eines Krankenhauses (vor allem des Sanierungsaufwands) wurde durch das 2. GKV- NOG befristet für den Zeitraum von 1997 bis 1999 auf eine gesicherte Rechtsgrundlage gestellt. Alle Instandhaltungsinvestitionen (§ 4 Abs. 1 AbgrV) sind ab dem 1.1.1997 grundsätzlich pflegesatzfähig (§ 17 Abs. 4b S.1 KHG, § 7 Abs. 1 S.2 Nr.4 BPflV)[63]. Den einzelnen Ländern blieb es vorbehalten, die Instandhaltungsmaßnahmen - wie bis 1993- öffentlich zu fördern, sei es krankenhausindividuell und projektbezogen oder pauschal (Optionsrecht)[64]. In diesen Fällen entfällt die Pflegesatzfähigkeit der Aufwendungen (§ 17 Abs. 4b S.4 KHG)[65].

---

[61] Im Krankenhausplanungsausschuß des Freistaates Bayern (§7 KHG, Art. 7 BayKrG) wurde beispielsweise seit der Geltung des KHG keine Entscheidung ohne Zustimmung der gesetzlichen Krankenkassen getroffen.

[62] BVerwG NJW 1993, 2391.

[63] Die Krankenhäuser erhalten unabhängig vom tatsächlichen Bedarf des einzelnen Hauses in den Jahren 1997 bis 1999 einen pauschalen Zuschlag in Höhe von 1% der für die allgemeinen Krankenhausleistungen vereinbarten Vergütungen.

[64] der Freistaat Bayern hat von dieser Möglichkeit Gebrauch gemacht und fördert die entsprechenden Maßnahmen nach den allgemeinen Fördergrundsätzen.

[65] Im einzelnen s. Genzel, MedR 1997, 479,489.

2.4. Die Einführung der monistischen Finanzierung im Krankenhaussektor soll in einem Zeitraum von 8 Jahren erfolgen.

Im ersten Schritt wird die Befristung der Finanzierung der Instandhaltungsmaßnahmen an Gebäuden und Außenanlagen (31.12.1999) aufgehoben. Die zweckentsprechende Verwendung dieser Mittel soll sichergestellt werden.

Der zweite Schritt sieht die Einführung eines möglichst vollständigen Fallpauschalen-Systems für die Vergütung der „allgemeinen Krankenhausleistungen" ab 1.1.2002 mit anschließender zweijähriger Übergangsphase vor. Ab 1.1.2003 sollen in die pauschalen Entgelte der Krankenhäuser auch die Kosten der Wiederbeschaffung kurzfristiger Anlagegüter sowie kleinerer baulicher Maßnahmen (kleiner Baubedarf), die bis dahin durch feste Pauschalbeträge öffentlich gefördert wurden (§ 9 Abs. 3 KHG und die Krankenhausgesetze der Länder) eingerechnet werden. Die Beitragssatzstabilität soll mit diesem Schritt nicht gefährdet werden. Die erforderliche Gegenfinanzierung im Umfang von rd. 2,3 Mrd. DM soll durch strukturelle Maßnahmen sowie eine Übernahme der Kosten für Ausbildungsstätten und des theoretischen Teiles der Ausbildung durch die Länder erfolgen. Die Planungshoheit der Länder soll zunächst eingeschränkt noch erhalten bleiben.

Bis zum 1.1.2008 soll schrittweise die Investitionsfinanzierung durch die Krankenkassen übernommen werden.

Im dritten Schritt ab 2008 sollen den Krankenkassen auch die Kosten von Neubauten, Ersatzbauten und Umbaumaßnahmen (mittel- und längerfristige Investitionen) übertragen werden[66]. Es handelt sich hier um die Einzelförderung von Maßnahmen. Nähere Regelungen sollen in einem gesonderten Gesetz bis zum 1.1.2008 getroffen werden. Die Länder beteiligen sich an der Gegenfinanzierung, indem sie ab diesem Zeitpunkt bislang von den Krankenkassen gezahlte versicherungsfremde Leistungen des Mutterschafts- und Sterbegeldes übernehmen.

2.5. Trotz des weiten Gestaltungsspielraumes des Gesetzgebers bei einer Neuregelung des Krankenhausfinanzierungssystems sind die rechtlichen und ökonomischen Rahmenbedingungen hinreichend zu beachten. Dabei ergeben sich im Rahmen des Gesetzgebungsverfahrens eine Reihe von offenen rechtlichen und ökonomischen Fragestellungen:

a) Besteht eine ausreichende Regelungkompetenz des Bundes (Art.74 Nr. 19a KHG) für die Einschränkung der Planungshoheit der Länder bei der Krankenhausversorgung ?

---

[66] Die Belastung der GKV wird mit rd. 4,5 Mrd. DM geschätzt.

b) Ist die vollständige oder teilweise Übertragung von staatlichen Planungskompetenzen an Selbstverwaltungskörperschaften wie den GKK mit dem staatlichen Sicherstellungsauftrag (Art.20 Abs. 1 GG) vereinbar?

c) Widerspricht es dem Demokratiegebot (Art.20 Abs.1, Art.28 Abs.1 GG) wesentliche staatliche Planungsaufgaben an Institutionen zu übertragen, die nicht unmittelbar parlamentarischer, politischer Kontrolle und Verantwortung unterliegen?

d) Können Aufgaben sozialstaatlicher Daseinsvorsorge im Krankenhausbereich ganz oder teilweise der ausschließlichen Nutzerfinanzierung überlassen werden?

e) Verstößt eine Aufteilung der Planungskompetenz zwischen Staat und Selbstverwaltung (Krankenkassen) (staatliche Rahmenplanung - regionale Objektplanung) gegen das Verbot der öffentlichen Mischverwaltung?

f) Kann der flächendeckenden, bedarfsgerechten Krankenhausversorgung auch dadurch Rechnung getragen werden, daß die Krankenhausplanung durch planergänzende, kollektive Strukturverträge der Krankenhausverbände und der Krankenkassen mitgestaltet wird?

g) Inwieweit kann die bestehende Verbindung von staatlicher Planungsentscheidung und Versorgungsvertrag (§ 109 Abs. 1 und Abs. 4 SGB V) aufgehoben oder gelockert werden („Aufhebung des Kontrahierungszwanges")?

h) Inwieweit bedeutet eine Erweiterung des Kündigungsrechts der GKV (§ 110 SGB V) eine Aushöhlung staatlicher Planungskompetenzen?

i) Welche Bedeutung für die Versorgung erhalten dabei die Hochschulkliniken? Soll auch insoweit das Kündigungsrecht erweitert werden?

k) Welchen Bestandsschutz müssen Krankenhauseinrichtungen mit einem Versorgungsvertrag bei einer Umstellung des Finanzierungssystems erhalten?

l) Kann die monistische Vollfinanzierung im Krankenhaus mit jährlich 8 bis 10 Mrd. beitragsneutral eingeführt werden?

m) Wie ist in einer Übergangszeit ein bestehender Nachholbedarf zu finanzieren?

n) Führt eine Einschränkung staatlicher Planungsaufgaben zu einer Entlastung von staatlichen Verwaltungsaufgaben und im Gegenzug zum Aufbau neuer bürokratischer Strukturen bei der GKV?

o) Welche Aufgaben kommen bei einer Übertragung von Planungsaufgaben auf die GKV, Selbstzahlern und den privaten Krankenkassen zu?

Zusammenfassend ist festzustellen, daß unter ökonomischen Aspekten die Schwächen des bestehenden staatlichen Finanzierungs- und Planungssystems weniger auf die Qualität und Kompetenzen des Planungsträgers (Staat) zurückzuführen sind, sondern vielmehr darauf, daß es nicht gelungen ist, nachfrageorientierte, mehr auf das Morbiditätsspektrum abgestellte Versorgungsstrukturen zu schaffen und deshalb nachweisbar Überkapazitäten im stationären Bereich bestehen. Andererseits ist die öffentliche Krankenhausförderung in einzelnen Ländern durch ihre starre Bindung an den staatlichen Haushalt finanziell in Mißkredit gekommen. Die Mittelknappheit führte zu einem erheblichen Antragsstau und einer nur mehr eingeschränkten öffentlichen Bezuschussung von förderfähigen Maßnahmen.

3. Das Hauptziel der Gesundheitsreform 2000 ist die Stabilisierung der Beitragssätze der GKV.

3.1. Sie soll mit Hilfe eines festen sektorenübergreifenden Globalbudget[67] erreicht werden, das gleichzeitig die Flexibilisierung der Leistungs- und Ausgabensteuerung in den einzelnen Versorgungsbereichen ermöglicht. Sämtliche Ausgaben einschließlich die Verwaltungskosten in der GKV sind in die Globalsteuerung eingebunden. Das Globalbudget ist kein Haushaltsvolumen, sondern ein durch das Gesetz bestimmtes Finanzsteuerungsinstrument zur Begrenzung der Ausgaben der einzelnen Krankenkasse. Die Festlegung und Fortschreibung erfolgt auf Landesebene bei den einzelnen Kassen. Diese Globalbudgets sind an die bundesdurchschnittliche Entwicklung der beitragspflichtigen Einnahmen anzubinden. Die Krankenkassen sind verpflichtet, eine Überschreitung der Obergrenze des Globalbudgets innerhalb von zwei Jahren auszugleichen. Außerdem sind die Spitzenverbände der Krankenkassen, die Landesverbände der Krankenkassen und die einzelne Kasse gesetzlich verpflichtet die Maßnahmen zur Einhaltung des Globalbudgets abzustimmen.

3.2. Nach dem Prinzip „Geld folgt Leistung“ sollen die Vorgaben in sektorale Budgets aufgebrochen werden. Die Krankenkassenverbände auf Landesebene vereinbaren deshalb jährlich einen „landesweiten Gesamtbetrag“ (als Obergrenze), mit dem die von den Krankenhäusern im Land erbrachten allgemeinen Krankenhausleistungen vergütet werden. Es soll künftig Aufgabe der Krankenkassen sein bei den Pflegesatzverhandlungen und den Budgetvereinbarungen mit den Krankenhäusern die Einhaltung des landesweiten Gesamtbetrags sicherzustellen. Auch die Schiedsstellen werden bei ihren Entscheidungen an diese Vorgaben gebunden.

---

67 Nach der gesetzlichen Definition ist das „Globalbudget“ das Volumen als Obergrenze sämtlicher Ausgaben einer gesetzlichen Krankenkasse.

Vertragsparteien für die Budgetverhandlungen der Krankenhäuser werden die Landesverbände der Krankenkassen sein. Für die Vereinbarung des Erlösbudgets (§ 12 BPflV) und der Pflegesätze des einzelnen Krankenhauses besteht pflegesatzrechtlich keine Begrenzungsrate mehr. Damit kann künftig flexibler auf die Situation des einzelnen Krankenhauses eingegangen werden. Die Krankenkassen verteilen den landesweiten Gesamtbetrag unter Heranziehung auch des Krankenhausvergleichs leistungsgerecht auf die einzelnen Krankenhäuser. Wird das Erlösbudget des einzelnen Krankenhauses aufgrund von zusätzlich erbrachten Leistungen überschritten, sind die Mehrerlöse wie bisher anteilig zurückzuzahlen. Die dem Krankenhaus verbleibenden Erlösanteile erhöhen das vereinbarte Budget. Um die Einhaltung des neuen landesweiten Gesamtbetrags abzusichern, werden diese Mehrerlösanteile von dem Gesamtbetrag des übernächsten Jahres abgezogen.

Da die Erlöse aus den pauschalen Entgelten voll im Budget des Krankenhauses angesetzt werden, - eine grundlegende Abweichung vom geltenden Recht, das auf Sicht die Trennung von Budget- und Pauschalenbereich vorsieht- soll zum 1.1.2002 ein neues möglichst vollständiges Fallpauschalensystem eingeführt werden, das eine leistungsgerechte Verteilung des landesweiten Gesamtbetrags ermöglicht. Globalbudget und sektorale Budgets sollen den Krankenkassen auch eine flexiblere Ausgaben- und Leistungssteuerung insbesondere im Rahmen sektorenübergreifender Versorgungsverträge ermöglichen. So kann auch der Gesamtbetrag höher steigen als die jährliche Veränderungsrate, wenn Leistungsverlagerungen zwischen dem ambulanten Versorgungsbereich, der Krankenhausversorgung und dem Rehabilitationsbereich erfolgen. Es bleibt abzuwarten welche „Verteilungskämpfe“ bei dieser Art der Mittelverteilung aufbrechen. Nicht in den Gesamtbetrag einbezogen sollen zukünftig auch werden, die Vergütungen für das ambulante Operieren, die vor- und nachstationäre Behandlung und die bereits bisher aus dem Budget ausgegliederte Behandlung ausländischer Patienten.

3.3. Die Steuerung von gesundheitlichen Leistungen und Kosten ist bei einer Verknappung der Ressourcen nicht nur ein Gebot wirtschaftlicher Vernunft, sondern auch rechtlicher Notwendigkeit[68]. Es obliegt gesetzgeberischem Ermessen, mit welchen Steuerungstrategien vor dem Hintergrund der Verknappung der ökonomischen Ressourcen und des ständig steigenden medizinischen Leistungsvolumens ein Ausgleich zwischen dem möglichen Standard und dem gesamtwirtschaftlich vertretbarem Ausgaben herbeigeführt werden kann. Steuerung kann im einzelnen Leistungsprozeß, beim Leistungserbringer (Einzelsteuerung) oder global für eine Vielzahl von Leistungsabläufen bei Leistungs- oder Finanzierungsträger (Globalsteuerung) auf der Makro- oder Mikroebene erfolgen. Sie kann auch darauf abzielen, Fehlorientierungen und Fehlentwicklungen im System entgegenzuwirken. Die Aufstellung eines Budgets, ist Ausdruck rationaler Verwendung von knappen Ressourcen und deshalb grundsätzlich rechtlich und ökonomisch unpro-

---

[68] Genzel, NZS 1996, 359,361,401.

blematisch. Zum Problem wird sie aber dann, wenn die Ausgaben für ganze Wirtschafts- oder Versorgungsbereiche politisch festgelegt werden und administrativ bis auf die individuelle Handlungsebene heruntergebrochen werden müssen. Sie sind dann ein Instrument zentraladministrativer Planung mit erheblicher rechtlicher Relevanz. Dies vor allem dann, wenn absehbar ist, daß die künftige Entwicklungsdynamik von Gesundheitsleistungen kaum einschränkbar ist.

3.4. Die Ausgestaltung der Steuerung, Übertragung und Überlassung von Steuerungsmaßnahmen im Versorgungssystem an die Selbstverwaltung wie den Krankenkassen unterliegt rechtlichen Grenzen. Der „Vorbehalt des Gesetzes“ als ungeschriebener verfassungsrechtlicher Grundsatz, der aus dem Rechtsstaatprinzip (Art. 20 Abs. 3 GG), dem Demokratiegebot (Art. 20 Abs. 1 GG) und der Gewaltenteilung (Art. 20 Abs. 2 GG) sich ableitet, bedeutet, daß die gesamten öffentlichen Aufgaben rechtsgebunden sind. Ziele und die Mittel der Verwirklichung können nicht autonom durch die öffentliche Verwaltung bestimmt werden. Auch für die leistungsgewährende öffentliche Verwaltungstätigkeit gilt, daß die für den jeweiligen Regelungsbereich wesentlichen und grundlegenden Fragen durch förmliches Gesetz geregelt werden müssen („Wesentlichkeitstheorie“ des BVerfG[69]) Dies insbesondere dann, wenn die Leistungsgewährung zugleich mit rechtlichen oder faktischen Nachteilen verbunden sein kann. Bei einer Leistungsbeschränkung in einem gesundheitlichen Versorgungssystem aufgrund ökonomischer Notwendigkeit ist dies immer anzunehmen. Soziale Gerechtigkeit zu verwirklichen gehört zu den wichtigsten Aufgaben des Sozialstaats. Immer dann, wenn Leistungen aus sozialstaatlichen Gründen bereitgestellt und verteilt werden, muß dem einzelnen ein gleichmäßiger Zugang unter eindeutigen rechtlichen Kriterien, insbesondere unter Wahrung des Gleichheitsgrundsatzes (Art. 3 GG) gewährleistet sein. Damit erhalten Steuerungsmaßnahmen von vorneherein eine erhebliche grundrechtsrelevante Bedeutung. Der „„Parlamentsvorbehalt“ läßt zwar durchaus zu, daß die öffentliche Selbstverwaltung angemessene Kompetenzen zu situationsbedingten und situationsgerechten, eigenverantwortlichen Entscheidungen übertragen erhält; er verlangt aber hierfür eindeutige gesetzliche Vorgaben. Diese müssen umso bestimmter und konkreter sein, als grundrechtssensible Tatbestände im Einzelfall zu lösen sind. Die Einführung eines festbegrenzten Globalbudgets und daraus abgeleitet sektoraler Budgets kann zur Rationierung von Gesundheitsleistungen führen. Eingriffe mit dem alleinigen Ziel, die Beitragssatzstabilität zu sichern, können dem Postulat einer gleichmäßigen bedarfsgerechten Versorgung widersprechen. Es ist unbestreitbar, daß die alleinige Berücksichtigung der einnahmenorientierten Veränderungsrate in keinem sachlichen und funktionellen Zusammenhang mit einem am medizinischen Bedarf zu orientierten Gesundheitsausgaben stehen. Eine feste Budgetierung degradiert sich in einem solchen Fall zu einem schlichten Verteilungsinstrument knapper Ressourcen, nachdem eine Verbreiterung der Beitragsbemessungsgrundlagen ausgeschlossen ist. Den Krankenkassen,

---

[69] BverfGE 33,1; 40,248; 47,199; 49,126; 58,268.

deren Aufgabe in der Absicherung des Morbiditätsrisikos ihrer Mitglieder liegt, können bei absoluter Beitragsbegrenzung ihre Aufgaben nicht mehr erfüllen. Eine leistungsunabhängige Begrenzung der finanziellen Mittel könnte aber auch die Leistungserbringer dazu zwingen, bei ausgeschöpftem Budget ihr Leistungsangebot zu reduzieren und zu rationieren. Bei der Bemessung des Ausgabenvolumens für die stationäre Versorgung in einem „landesweiten Gesamtbetrag" müssen deshalb die erforderlichen Leistungskriterien wie Fallzahlenentwicklung, medizinischer Fortschritt, demographische Entwicklung, Lohn- und Sachkostenentwicklung insbesondere Tarifsituation durch den Gesetzgeber vorgegeben werden. Die gebotene Flexibilisierung der Budgets kann nicht der Selbstverwaltung überlassen werden, sondern bedarf normativer Kriterien.

3.5. Aber auch unter einem anderen rechtlichen Blickwinkel kann eine Budgetierung verfassungsrechtliche Probleme aufwerfen. Eine grundrechtliche Beeinträchtigung eines Krankenhauses erscheint bei freigemeinnützigen, insbesondere kirchlichen Trägern und privaten Krankenhausträgern denkbar. Bei freigemeinnützigen und privaten Trägern stellen Regelungen zur Entgeltgestaltung, die eine Erfüllung des Versorgungsauftrages nicht mehr voll gewährleisten, vor allem weil keine leistungsgerechten Entgelte aufgrund von Budgetbeschränkungen mehr vorgesehen sind, eine unverhältnismäßige Behinderung freier, beruflicher, gewerblicher oder fremdnütziger caritativer Betätigung dar. Sie können deshalb gegen Art. 2 Abs. 1 und Art. 12 Abs. 1 GG verstoßen. Für kirchliche Träger gilt insoweit das Grundrecht der Freiheit der Religionsausübung (Art. 1, Art. 4, Art. 140 GG i.V.m. Art. 137 Abs. 3 S.1 WRV) Es umfaßt jede Betätigung die der Erfüllung caritativer Aufgaben als Grundforderung des religiösen Bekenntnisses dient. Regelungen zur Einschränkung der Vergütung für Krankenhausleistungen aufgrund von Budgetvorgaben können Art und Umfang dieser Tätigkeit unverhältnismäßig einschränken.

Das vermögenswerte Recht des Trägers eines freigemeinnützigen und privaten Krankenhausträgers am Unternehmen ist Eigentum i. S. des Art. 14 GG. Bei kirchlichen Trägern gilt die Kirchengutsgarantie (Art. 140 GG i.V.m. Art. 138 Abs. 3 WRV).

Entgelte, die ein Krankenhaus unmittelbar oder mittelbar zwingen, mit Verlust zu arbeiten, sind keine unter dem Gesichtspunkt der Sozialbindung hinzunehmende Inhaltsbestimmung und Schrankenziehung des Eigentums (Art. 14 Abs. 1 und 2 GG). sondern eine Verletzung der Eigentumsgarantie bzw. bei kirchlichen Träger der Kirchengutsgarantie und damit nicht verfassungsgemäß.

Jede Vergütung von Krankenhausleistungen muss einem Krankenhausträger ermöglichen

„bei wirtschaftlicher Betriebsführung seinen Versorgungsauftrag zu erfüllen" (§ 17 Abs. 1 S.3 KHG, § 3 Abs. 1 S.3 BPflV).

Eine Relativierung dieses Grundsatz und strikte Bindung an ein festes Budget führt auch gesundheitspolitisch zu unabsehbaren Folgen für den Leistungsstandard in der Krankenhausversorgung.

4. Eine bessere Verzahnung und Vernetzung des Krankenhauses mit anderen Leistungssektoren speziell der ambulanten ärztlichen und pflegerischen Versorgung sowie den sozialen Betreungsangeboten steht seit Jahren inmitten der Diskussion um mehr Rationalität des Systems.

4.1. Die strikte Trennung vor allem zwischen der ambulanten und stationären medizinischen Versorgung folgt nicht dem Behandlungsablauf, den Patientenbedürfnissen und einer wirtschaftlichen Leistungserbringung. Neue Vernetzungs- und Kooperationsstrukturen werden deshalb seit Jahren gefordert.[70] Zum Abbau der Schranken zwischen den Versorgungssystemen wird eine Verbesserung des Informationsflusses, die Bildung neuer integrierter Versorgungsformen, die durchgängige Behandlung und Betreuung der Patienten (Belegarztsystem) und die enge Kooperation zwischen Leistungserbringern und Finanzierungsträgern gefordert.

Die Enquetekommission sprach sich seinerzeit zur Überwindung der Trennung von ambulanter und stationärer medizinischer Versorgung für eine Reihe von Maßnahmen aus wie:

- gemeinsame Nutzung der medizinischen Technik durch Krankenhäuser und niedergelassene Arzte,
- erweiterte Möglichkeiten zur vor- und nachstationären Behandlung,
- frühzeitige Einleitung und Durchführung von rehabilitativen Maßnahmen bereits im Rahmen der Akutversorgung,
- erweiterte teilstationäre Behandlungsmöglichkeiten;
- Mitwirkung der Krankenhäuser bzw. Koordinierung beim Einsatz ambulanter pflegerischer Dienste,
- Kooperationsverträge zwischen Krankenhäusern und niedergelassenen Ärzten,

---

70 S. Endbericht Enquete-Kommission a.a.O. S. 245.

- die Förderung integrierter Versorgungsformen (Belegarztsystem, Praxiskliniken, Krankenwohnungen),

- Koordination des ärztlichen Notdienstes und der Notfallambulanzen der Krankenhäuser mit den landesrechtlich geregelten Rettungsdiensten und vertragliche Regelungen über gemeinsame Einrichtungen.

4.2. Das mit dem GRG und dem GSG geschaffene Instrumentarium der kollektiven zwei- und dreiseitigen Verträge (§ 112, § 115 SGB V), der vor- und nachstationären Behandlung (§ 115a SGB V), des ambulanten Operierens (§ 115b SGB V) der erweiterten Möglichkeiten der Teilnahme von Krankenhäusern und Krankenhausärzten an der vertragsärztlichen Versorgung (§ 116 SGB V) sowie die gemeinsame Großgeräteplanung (§ 122 a.F. SGB V) wurde von Seiten der Selbstverwaltung nur unzureichend genutzt. Die Interessengegensätze vor allem zwischen Krankenhäusern und niedergelassenen Ärzten führte besonders bei den dreiseitigen Verträgen zu Blockadehaltungen. Rivalitäten und Verteilungskämpfe sind sicherlich nicht geeignet dieses institutionelle Problem zu lösen. Auch wenn die Zukunft des Krankenhauses in einem „integrierten Dienstleistungszentrum“ liegt, so können nur abgewogene und behutsame Schritte den Weg dahin eröffnen.

4.3. Die Reformvorschläge sehen im einzelnen zur Verbesserung der Kooperation und Koordination vor:

- integrierte sektorenübergreifende Versorgungsverträge zwischen Krankenkassen und Leistungserbringern, auch Krankenhäusern bei freiwilliger Beteiligung der Versicherten (z.B. HMO- Modelle, „managed-care“ Formen); soweit die vertragsärztliche Versorgung betroffen, ist die Beteiligung der Kassenärztlichen Vereinigungen auf der Grundlage einer Rahmenvereinbarung auf Bundesebene vorgesehen;

- Öffnung der Krankenhäuser für ambulante fachärztliche Behandlung schwerer Krankheitsbilder mit komplizierten Verläufen (z.B. Krebserkrankungen, Aids, Rheuma oder schwere psychische Störungen) und zur Erbringung hochspezialisierter Leistungen durch qualifizierte Krankenhausärzte auf der Grundlage von entsprechenden Katalogen, welche die Selbstverwaltung auf Bundesebene vereinbart;

- eine Verbesserung der Möglichkeiten zur Vereinbarung differenzierter und bedarfsgerechterer Fristen für die vor- und nachstationäre Behandlung in Krankenhäuser durch Verträge zwischen den Krankenkassen und Krankenhausträgerverbänden im Benehmen mit den Kassenärztlichen Vereinigungen; (nur mehr zweiseitige Verträge!)

- die Erweiterung des Katalogs ambulant durchführbarer Operationen um stationsersetzende Eingriffe durch die gemeinsame Selbstverwaltung; die stationäre Erbringung solcher Leistungen wird auf medizinisch begründete Ausnahmen begrenzt und von einer Zustimmung durch die Krankenkasse abhängig gemacht;

- die Notfallversorgung im Krankenhaus durch Vertragsärzte.

Wohin die gesundheitspolitische Reise im stationären Bereich gehen soll, ist in Umrissen erkennbar. Der Grundsatz der Nachrangigkeit vollstationärer Behandlung (§ 39 Abs. 1 S.2 SGB V) soll nachdrücklich durchgesetzt werden. Ob die Politik Mut und Weisheit letztlich aufbringen wird, tragfähige Lösungen auf den Weg zu bringen, die von den Selbstverwaltungspartnern, insbesondere den Krankenhäusern und niedergelassenen Ärzten akzeptiert und dann auch effektiv umgesetzt werden, bleibt aufgrund der Erfahrungen der letzten Jahre fraglich.

5. Die Erkenntnis, daß die Qualität, Wirksamkeit und Wirtschaftlichkeit medizinischer Versorgung nicht unbedingt Gegensätze sein müssen, führt dazu, daß die Bedeutung der Qualitätssicherung in der Medizin in den letzten Jahren erheblich gewachsen ist. Besonders Qualitätssicherungsmaßnahmen für einzelne Berufsgruppen und Fachgebiete standen im Vordergrund. Der Krankenhausbereich ist dabei mit Qualitätssicherungsmaßnahmen auf der Grundlage von kollektiven Verträgen der Selbstverwaltungspartner (§ 137, § 112 SGB V) -externe Qualitätssicherung- , wie auch der internen Qualitätsicherung durch Eigeninitiativen beteiligt.

5.1. Die Diskussion einheitlicher Strategien zur Einführung der Qualitätssicherung im Krankenhaus ist im vollen Gang.[71] Es besteht Übereinstimmung, daß jede externe Qualitätssicherung einer Ergänzung und Umsetzung im internen betrieblichen Bereich bedarf. Umstritten sind die Strategien der Einführung.

Die Krankenhausseite[72] hält die gesetzlich verpflichtende Einführung eines umfaßenden internen Qualitätsmanagements nicht für geeignet, den Prozeß zu fördern. Eigeninitiative, Motivation und Kreativität würden durch einen gesetzlichen Zwang verschüttet. Zudem besteht die Gefahr, daß durch staatliche Vorgaben unnötiger Bürokratie Vorschub geleistet werden würde. Internes Qualitätsmanagment müsse Methodenpluralität beinhalten, die Trägerautonomie stärken und sich in das gesamte Unternehmensmanagement einer Klinik effizient einfügen. Die Verantwortung müsse uneingeschränkt bei Krankenhausträger und der Betriebs-

---

[71] Entwurf der GMK-Arbeitsgruppe „Entwicklung einer einheitlichen Strategie zum Qualitätsmanagement im Gesundheitswesen“ v. 12. 2. 1999; BMG-Demonstrationsprojekt „Qualitätsmanagement im Krankenhaus“.

[72] DKG, Bewertung der Eckpunkte der Gesundheitsreform 2000.

führung liegen um betriebsnahe Entscheidungsmöglichkeiten zu eröffnen. Eine Umsetzungspflicht ergäbe sich im übrigen aus der Verbindlichkeit der kollektiven Verträge (§ 112 Abs. 2 S. 2 SGB V). Es wird als sinnvoller angesehen, die Einführung von internem Qualitätsmanagement durch positive, auch finanzielle Anreize z.B. im Pflegesatzrecht zu fördern und den erreichten Fortschritt nach einigen Jahren zu evaluieren mit der Möglichkeit auf breiterer Basis zu allgemeinen Aussagen zu kommen und den Zugang zu eröffnen.

5.2. Demgegenüber setzt die Gesundheitsstrukturreform 2000 bei der Verbesserung der gesundheitlichen Versorgung durch Qualität sichernde Maßnahmen auf eindeutige gesetzliche Vorgaben:

- Für alle Leistungsbereiche wird ein gesetzliches Qualitätssicherungsgebot eingeführt.

- Für Ärzte/Zahnärzte, Krankenhäuser sowie ambulante und stationäre Vorsorge- und Rehabilitationseinrichtungen wird umfassendes Qualitätsmanagement verpflichtend.

- Die Möglichkeiten zur effektiven Umsetzung von Qualitätsvereinbarungen und zur Sanktionierung von deren Einhalten sollen bestimmt werden.

- Für die stationären Krankenhausleistungen wird entsprechend der vertragsärztlichen Versorgung (Bundesausschuß der Ärzte und Krankenkassen) ein Selbstverwaltungsgremium geschaffen, das etablierte und neue medizinische Untersuchungs- und Behandlungsmethoden überprüft, ob sie für eine ausreichende, zweckmäßige und wirtschaftliche Vorsorgung unter Berücksichtigung des allgemein anerkannten Standes der medizinischen Erkenntnisse erforderlich sind.

- Für die Bewertung von Wirksamkeit und Kosten medizinischer Diagnose und Therapieverfahren und Technologien bei Behandlungsmaßnahmen soll ein datenbankgeschütztes Informationssystem beim Deutschen Institut für Medizinische Dokumentation und Information (DIMDI) eingerichtet werden.

Alle vorgesehenen Maßnahmen dienen dem Ziel und Zweck, eine einrichtungsübergreifende Qualitätssicherung sowie ein einrichtungsinternes Qualitätsmanagment in den Kliniken aufzubauen. Ein Weg, der letztlich aber nur dann Erfolg zeitigen kann, wenn für alle Maßnahmen zusätzlich auch finanzielle Ressourcen eingesetzt werden.

Schlußbetrachtung:

Der Sozialstaat 2000 steht vor einem tiefgreifenden notwendigen Umbau. Die Sozialstrukturen haben sich verändert. Der Bedarf an Gesundheitsleistungen wird weiter steigen. Die solidarische Absicherung des gesamten Krankheitsrisikos auf Dauer wird zu überprüfen sein. Die eingeschränkten finanziellen Ressourcen werden zielgenauer und wirksamer einzusetzen sein. Dies gilt im besonderen für den Krankenhausbereich. Veränderte Leistungsstrukturen zur Erhaltung der hohen Leistungsqualitäten werden gerade im Interesse des Patienten eine besondere Rolle spielen.

Aus der Wirtschaft kennen wir den Satz:

> ***„Wer zu spät an die Kosten denkt, ruiniert sein Unternehmen. Wer zu früh über die Kosten denkt, tötet die Kreativität.“***

Auf diesem schmalen Grat werden in Zukunft die deutschen Krankenhäuser sich zu bewegen haben. Sie müssen auch in Zukunft Entwicklungs- und Umsetzungsstätten des medizinischen Fortschritts und Zentren der Hochleistungsmedizin sein. Dies aber unter erschwerten Bedingungen. Kreativität und hohe Managmentqualitäten sind gefordert. Medizin und Ökonomie werden dauerhaft und untrennbar verknüpft bleiben. Dabei sollte für alle Partner im Krankenhauswesen Konsens darüber bestehen, daß der Patient in unseren Kliniken nicht nur Kosten- und Beitragsfaktor sein darf, sondern ein Mensch, der die gebotene medizinische Hilfe in seiner gesundheitlichen Not in dem individuell gebotenem Umfang, soweit als nötig in solidarischer Weise, erfahren soll. Dies grundlegende humanitäre Aufgabe sollte auch in Zukunft Leitlinie, des Handelns aller bleiben, die mit dem Krankenhauswesen verbunden sind.

Ärztliches Handeln im Budgetierungsdilemma

Professor Dr. Uwe Bleyl
Direktor des Pathologischen Instituts
Fakultät für Klinische Medizin Mannheim
Ruprecht-Karls-Universität Heidelberg

Dilemma, das Kunstwort, das so griechisch daherkommt, aber erst um 1570 im Humanismus aufgetaucht ist, meint umgangssprachlich zunächst wohl nur „Klemme“ oder „Zwickmühle“. Philosophisch gesehen bedeutet Dilemma aber ungleich mehr als das subjektive Empfinden einer Klemme, einer Zwickmühle, einer Ausweglosigkeit. Philosophisch betrachtet ist der Begriff Dilemma seit dem Humanismus aktiv besetzt, meint die „Schwierigkeit der Wahl zwischen zwei Dingen, wenn für beide gute, ja gleichwertige Gründe sprechen“. Dilemma meint die peinliche Wahl zwischen zwei Dingen, die beide jeweils einen höchst ungewissen Ausgang haben. Und Wahl meint Entscheidung, sich entscheiden! Dilemma meint Entscheidungsdilemma!

Budgetierungen gehören heute zum Alltag aller Funktionseinheiten der klinischen Medizin. Externe und interne Budgets versuchen, im Zeitalter der Kostenexplosion im Gesundheitswesen der ärztlichen und pflegerischen Tätigkeit in den Krankenhäusern der Grund-, Regel-, Zentral- und Maximalversorgung Korsettstangen einzuziehen, die eine Orientierung an den gesellschafts- und wirtschaftspolitischen Zielvorgaben des „Erforderlichen und wirtschaftlich Vertretbaren“ erzwingen sollen. Ein Budgetierungsdilemma entsteht in unserem Gesundheitssystem immer dann, wenn kostenintensive ärztliche oder pflegerische Zwänge in Konflikt geraten mit Budgetierungs- und Finanzierungszwängen.

Die nachfolgenden Ausführungen verfolgen das Ziel, am Beispiel eines Institutes der mittelbaren Krankenversorgung, eines Pathologischen Universitätsinstitutes, die Grundregeln eines internen Budgets zu verdeutlichen und auf immer wiederkehrende Entscheidungszwänge in der wirtschaftlichen Betriebsführung eines solchen Instituts aufmerksam zu machen.

Pathologische Institute sind seit alters Dienstleistungsinstitute der klinischen Medizin. Ihnen obliegt neben der Durchführung klinischer Obduktionen an allen im Krankenhaus Verstorbenen die gesamte mikroskopische Diagnostik von Gewebeproben und Operationspräparaten. Die sog. histo-pathologische Diagnostik ist eine außerordentlich personalintensive Methodik, bei der medizinisch-technische Laborassistentinnen aus den dem Institut zugesandten Gewebeproben und Organpräparaten wenige Mikron (=1/1000 Millimeter) dünne Schnitte anfertigen, die nach Anfärbung mit gängigen, teilweise aber auch sehr aufwendigen histologischen und immunhistologischen Färbemethoden den Fachärzten/innen zur Befunderhebung und Befundbeurteilung vorgelegt werden, ehe in den Besonderheiten der medizinischen Nomenklatur besonders geschulte Sekretärinnen die Befundberichte und ihre diagnostische Beurteilung in Datenverarbeitungssysteme übertragen und für die klinische Medizin verfügbar machen. Bei kleineren Gewebeproben beansprucht diese histo-pathologische Diagnostik vom Eingang der Präparate bis zum Befundausgang in aller Regel max. 6 Stunden. Für die intraoperative Diagnostik gewährleisten Pathologische Institute diesen diagnostischen Dienstleistungsauftrag in einem permanent einsatzbereiten „Schnellschnitt-Dienst" dagegen schon in 12 bis 15 Minuten.

Pathologische Institute sind außerordentlich personalintensive Dienstleistungsbetriebe der klinischen Medizin. Ihr ärztlicher und medizinisch-technischer Personalbedarf und -bestand orientiert sich dabei an den sog. Anhaltszahlen der Deutschen Krankenhaus-Gesellschaft (DKG) bzw. an den Anhaltszahlen des Berufsverbandes Deutscher Pathologen (Abb. 1). Diese Anhaltszahlen definieren die von den ärztlichen und medizinisch-technischen „Vollkräften" eines Pathologischen Instituts zu leistenden durchschnittlichen Fallzahlen eines Jahres. Von einem ärztlichen Mitarbeiter werden beispielsweise jährlich 17.000 patho-histologische Leistungen (Befunderhebung und Befundbeurteilung) gefordert, von technischen Assistentinnen die patho-histologische Bearbeitung von 7.500 Gewebeproben, von einer Arztschreibkraft die Erstellung von 15.000 Befundberichten. Aus der Division der Gesamtzahl der Einsendungen/Leistungen eines Pathologischen Institutes durch die sog. Anhaltszahlen errechnet sich für jedes Pathologische Institut der Personalbedarf und das in seinen Berufsgruppenhierarchien tarifrechtlich fixierte Personalbudget dieses Institutes.

Das Gesamtbudget eines Pathologischen Instituts wird entsprechend der außerordentlichen Personalintensität seines diagnostischen Dienstleistungsauftrages zu mehr als 90% vom Personalbudget dieses Instituts bestimmt, nur knapp 10% der Primärkosten entfallen dagegen auf den sog. Medizinischen Bedarf, d.h. auf die Summe aller für den diagnostischen Dienstleistungsauftrag benötigten sächlichen Mittel, das sog. Sachbudget (Tab. 1).

Anhaltszahlen
für Personalbedarf und Personalmitteleinsatz
in Instituten für Pathologie

Berufsbezeichnung	Tätigkeitsbereich	Tätigkeitsumfang pro Jahr bezogen auf Fälle	Tätigkeitsumfang pro Jahr bezogen auf Leistungen
Ärztlicher Dienst (einschl. leitendem Chefarzt)	Sektionen	1 : 170 oder	
	Histologie und Zytologie		1 : 17.000
Laboratoriumsdienst	Histologie und Zytologie		1 : 7.700
	Sektionen	1 : 500	
Sekretariatsdienst: (einschl. Chefsekr.)	Histologie und Zytologie		1 : 15.000 oder
	Sektionen	1: 700	
Technischer Dienst:	Sektionen Leichenwesen und technische Hilfsarbeiten	1 : 110 Sektionen	

Abb. 1: Anhaltszahlen des Berufsverbandes Deutscher Pathologen für die wirtschaftliche Betriebsführung Pathologischer Institute

Bezeichnung	Ist 01-13'98	Plan 01-13'98	Ist 01-13'97	Abw. Ist/Plan	Abw. Ist 98/97
Personalkosten					
Ärztlicher Dienst	678.362	764.927	548.659	-86.565	129.703
Med.-Techn. Dienst	2.718.347	2.758.981	2.717.380	-40.634	967
Summe Pers.Kos.Abt.	**3.396.710**	**3.523.908**	**3.266.039**	**-127.198**	**130.671**
Arznei/Heil/Hilfsmittel	10.128	10.671	10.221	-543	-93
Verbandsmittel	2.529	2.240	2.640	289	-111
Ärztl/Pfl.VBM + Instr.	10.087	14.107	11.334	-4.020	-.1.247
Narkose+So.OP-Bedarf	1.394	409	20	985	1.374
Röntgen+Nuklearmed.	314	102	252	212	62
Laborbedarf	221.604	214.850	194.239	6.754	27.365
Apo/Desinfektkions mat.	5.614	6.566	6.484	-952	-870
Sonstiger Med. Bedarf	15.044	18.312	14.818	-3.268	226
Summe Med. Bedarf	**266.714**	**267.257**	**240.008**	**-543**	**26.706**
IH Med. Tech. Geräte	44.085	41.922	34.054	2.163	10.031
Gebrauchsgüt.f.MEB	434	2.557	2.665	-2.123	-2.231
Summe Sachkost. Abt.	**311.233**	**311.736**	**276.727**	**-503**	**34.506**
Summe Primärkosten	**3.707.943**	**3.835.644**	**3.542.765**	**-127.701**	**165.178**
Leistungsverrechnung anderer Abteilungen	71.576	1.122	6.717	70.454	64.859
Summe Abteilungs-Kosten	**3.779.520**	**3.836.767**	**3.549.483**	**-57.247**	**230.037**

Tab. 1: Sog. Primär- und Abteilungskosten eines Pathologischen Institutes mit komplettem ambulantem und stationärem Dienstleistungsauftrag und Personalkosten für den Medizinisch-technischen und Ärztlichen Dienst nach Maßgabe der sog. Anhaltszahlen der DKG. Die Summe der Personalkosten liegt bei 90% der Abteilungskosten, die Summe der Sachkosten bei 10% aller Abteilungskosten. Die Budgetorientierung an 13 Monatsgehältern resultiert dabei aus dem Rechnungsüberhang für die in 12 Monaten erbrachten Leistungen. Die Tabelle weist aus, daß der Budgetplan 1998 um DM 57.247 (1,5%) unterschritten worden ist, das Gesamtbudget also eingehalten werden konnte.

Personalbudget und Budgetierungsdilemma

Schon in der Dominanz des Personalbudgets gegenüber dem Sachbudget offenbart sich exemplarisch ein Budgetierungsdilemma aller Pathologischen Institute und aller anderen Institute der mittelbaren Krankenversorgung. Im Zangengriff zwischen gesundheitspolitisch „gedeckeltem", d.h. durch politische Vorgaben fixiertem externem Budget eines Klinikums und der tarifrechtlichen Bindung des internen Personalbudgets eines Institutes der mittelbaren Krankenversorgung droht bei jeder erst im Fortgang eines Jahres ausgehandelten Tariferhöhung für den Öffentlichen Dienst ein empfindlicher Stellenabbau und für die verbleibenden Stelleninhaber zugleich eine weitere Leistungsverdichtung, die die sog. Anhaltszahlen schon vor einem Jahrzehnt zu einer Farce gemacht haben. Tariferhöhungen um jährlich 1% - die Tarifparteien hatten in diesem Jahr bekanntlich 3% ausgehandelt - beinhalten bei gedeckeltem externem Budget im Medizinisch-technischen Dienst (MTD) eines größeren Pathologischen Institutes beispielsweise einen Stellenabbau um jährlich 0,4 Vollkräfte - und das hieße auch, Tariferhöhungen um jährlich 3% würden einen Stellenabbau von jährlich 1,2 Vollkräften bedeuten (!) -, eine Leistungsverdichtung, die in ausgesprochen personalintensiven Funktionseinheiten weder durch Automatisierung der medizinisch-technischen Verfahrensabläufe, noch durch Prozeßrationalisierung aufgefangen werden kann und in Wirklichkeit inzwischen einen definitiven Leistungsabbau erzwungen hat. Die Zunahme technischer Fehlleistungen von nicht-ärztlichen Mitarbeitern ist ein untrügliches Symptom solcher extremen Leistungsverdichtungen.

Klinische Institutionen haben zudem einen öffentlichen Sicherstellungsauftrag, der sie dazu verpflichtet, den Krankenversorgungsauftrag im Rahmen der bundesgesetzlichen Vorgabe des „Notwendigen und wirtschaftlich Vertretbaren" zu erfüllen. Für Pathologische Institute resultiert aus diesem Sicherstellungsauftrag, daß sie das diagnostische Auftragsvolumen und damit das Ausmaß ihrer diagnostischen Inanspruchnahme selbst weder quantitativ noch qualitativ bestimmen können. Budgetrelevant macht sich dies vor allem dann bemerkbar, wenn, wie in den vergangenen Jahren, namhafte Verkürzungen der Verweildauer (Tab. 2), bekanntlich eines der großen Themen in der öffentlichen Diskussion um die Kostendämpfung im Gesundheitswesen, in klinischen Funktionseinheiten zugleich mit einer fast paradoxen Zunahme der Krankenhaushäufigkeit bzw. mit einer Zunahme der Fallzahlen in solchen Funktionseinheiten einhergehen. Zunahme der Krankenhaushäufigkeit und/oder Zunahme der Fallzahlen (Abb. 2) bedeuten in einem stationären Krankenhausbetrieb aber immer zugleich Zunahme der klinischen Diagnostikperioden bei Abnahme der Therapieperioden. Bei „gedeckeltem" externem Budget und interner Budgetierung nach Maßgabe dieses externen Budgets aber resultiert aus einem Anstieg der Untersuchungsfrequenzen in den ausschließlich diagnostisch tätigen Instituten der mittelbaren Krankenversorgung

Klinik	VD 1995	VD 1997	VD 1998
Augenklinik	8,80	6,28	4,28
Chirurgische Klinik	10,60	9,00	7,75
Frauenklinik	7,60	6,09	6,06
Hals-Nasen-Ohrenklinik	6,20	4,83	5,31
Hautklinik	13,70	11,06	9,81
Medizinische Klinik	13,90	13,23	11,10
Intensivtherapie		4,30	4,76
Kinderchirurgische Klinik		5,47	5,21
Kinderklinik	7,00	9,20	9,18
Neurochirurgische Klinik	10,60	8,60	8,69
Neurologische Klinik	17,00	10,74	10,97
Orthopädische Klinik	16,40	11,57	10,82
Strahlenklinik	10,40	7,22	8,48
Unfallchirurgische Klinik		9,10	8,31
Urologische Klinik	9,30	4,65	4,22
Gesamt	10,83	9,71	8,96

Tab. 2: Klinikabhängige Verkürzung der Verweildauer am Universitätsklinikum Mannheim in den Jahren 1995 – 1998

Entwicklung Fallzahl 1992 - 1998

Jahr	1992	1993	1994	1995	1996	1997	1998
Fallzahl vereinbart	48.441	47.218	47.218	52.448	54.063	55.747	56.832
Fallzahl (o. int. Verlegungen)	47.949	49.923	51.547	52.448	55.394	56.943	60.527

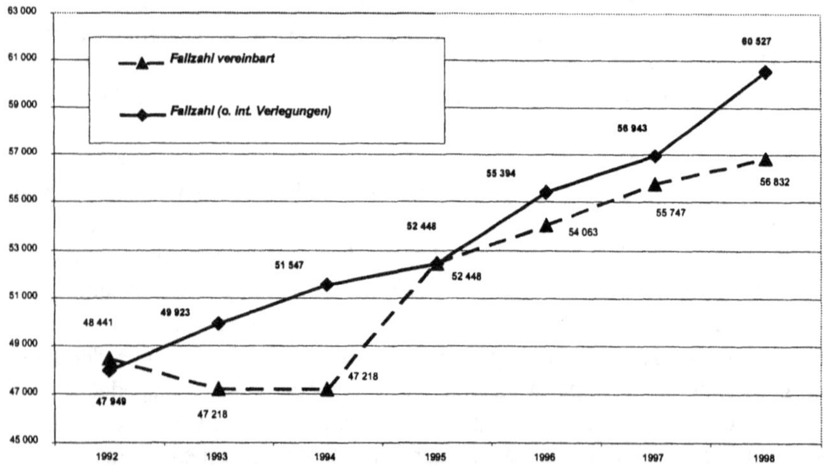

Abb. 2: Mit den Kostenträgern vereinbarte und reale Fallzahlentwicklungen am Universitätsklinikum Mannheim im Zeitraum 1992 - 1998 als Ursache einer fremdbestimmten Leistungsverdichtung der diagnostischen Institute unter den Rahmenbedingungen eines gedeckelten externen und internen Budgets

(Radiologie, Pathologie, Bakteriologie, Klinische Chemie und Pathobiochemie) immer zugleich eine externe, d. h. fremdbestimmte Leistungsverdichtung mit der Gefahr eines aus wirtschaftlichen Gründen erzwungenen kompensatorischen Leistungsabbaus und einer Orientierung an einem deutlich reduzierten diagnostischen Leistungsniveau.

Sachbudget und Budgetierungsdilemma

Absolut vergleichbare Prämissen gelten aber auch für die interne Budgetierung des jährlich anfallenden Medizinischen Bedarfs, des Gebrauchsgüterbedarfs und der Instandhaltung der medizinischen bzw. nicht-medizinischen Gerätschaften, insgesamt weniger als 10% eines Jahresbudgets eines Pathologischen Instituts. Fremdbestimmte Frequenzsteigerungen im stationären und ambulanten Dienstleistungsauftrag und Preissteigerungen am Markt resultieren auch hier in einem immer wiederkehrenden, gleichwohl nicht planbaren Budgetierungsdilemma, das sich erneut nur durch interne Umschichtungen der Ressourcen, und das heißt hier auch - durch freie Konvertierbarkeit zwischen den Personal- und Sachbudgets, und durch eine ihrem Wesen nach eng begrenzte quantitative Reduzierung der diagnostischen Leistungen am Einzelfall kompensieren läßt.

Budgetierungszwänge resultieren aber auch aus der kostenträchtigen Umsetzung neuer oder veränderter gesetzlicher Auflagen, Verordnungen und EG-Richtlinien zur Arbeitshygiene, zur Arbeitssicherheit, zur Unfallverhütung am Laborarbeitsplatz, zum Umweltschutz, zum Betrieb und zur sicherheitstechnischen Kontrolle medizinischer Geräte und zum Umgang mit mitarbeitergefährdenden Medizinprodukten, biologischen Arbeitsstoffen und toxischen Substanzen. Und Budgetierungszwänge resultieren aus der plötzlichen, jedenfalls unerwarteten Aktualisierung von Datenschutzauflagen.

Vorstellungen aus dem gesundheitspolitischen und gewerkschaftlichen Raum, man könne Instituts- und Klinikdirektoren als Leiter von klinischen „Ergebniscentern" für eine unwirtschaftliche Betriebsführung ihrer auch in den Sachkosten in hohem Maße fremdbestimmten, wirtschaftlich allenfalls halbautonomen Verfügungsbereiche zur Rechenschaft ziehen und u.U. durch Vertragsaufkündigung sogar pönieren, haben sich angesichts der minimalen betriebswirtschaftlichen Gestaltungsmöglichkeiten im Personal- und Sachbudget klinischer Funktionseinheiten inzwischen selbst ad absurdum geführt. Dies gilt erst recht, wenn wesentliche Teile des Sachbudgets dieser Ergebniscenter durch öffentlich-rechtliche Verträge zugleich in den Sicherstellungsauftrag der Kassenärztlichen Vereinigungen für die ambulante Krankenversorgung eingebunden sind, d.h. wiederum nicht zur betriebswirtschaftlichen Disposition der Instituts- und Klinikdirektoren stehen.

Innovation im Budgetierungsdilemma

Interne Budgetierungszwänge behindern oder verhindern aber auch den Aufbau und Einsatz zuvor nicht angebotener neuer Methodenspektren. Als Musterbeispiel kann hier die Etablierung moderner molekularbiologischer Methoden im Methodenspektrum der Pathologie gelten. Die Einführung molekularbiologischer Methoden in die patho-histologische Diagnostik hat zu einem Quantensprung in der diagnostischen Aussagekraft histomorphologischer Untersuchungen geführt, der mit diesen Methoden bereits erzielte und noch erzielbare Fortschritt in der Aussagekraft feingeweblicher Untersuchungen ist riesig. Die Einführung solcher Methoden in einem Pathologischen Institut setzt aber die (fakultative) Weiterbildung des Facharztes für Pathologie zum Molekularpathologen an einer dazu ermächtigten Ausbildungsstätte des In- oder Auslandes und auch die Ausbildung einer Medizinisch-technischen Labor-Assistentin (MTLA) an einem molekularpathologischen Methodenspektrum voraus, das, weil viel zu speziell, nicht in den Ausbildungskatalog einer Schule für MTLAs gehört. Auch die MTLA muß demzufolge an eine externe Ausbildungsstätte vermittelt und unter Fortzahlung ihrer Bezüge beurlaubt werden, um eine technisch einwandfreie, diagnostisch belastbare Durchführung solcher molekularbiologischer Untersuchungsmethoden zu erlernen. Ein am konventionellen Methodenspektrum vergangener Jahre orientiertes, hochgradig verdichtetes internes Personal- und Sachbudget eines Pathologischen Institutes erlaubt aber weder die einjährige Weiterbildung eines Facharztes für Pathologie zum Molekularpathologen, noch die Einübung einer MTLA in das molekularbiologische Methodenspektrum, so daß der molekularbiologisch-diagnostische Quantensprung in der histo-pathologischen Diagnostik der Pathologischen Institute im Korsett der „erforderlichen und wirtschaftlich vertretbaren Krankenversorgung" u.U. gar nicht vollzogen und an die Patienten weitergegeben werden kann.

Budgetierungsdilemma durch Vollkostenverrechnung

Ein schier unüberwindbares Budgetierungsdilemma resultiert für den Gesamtbereich der mittelbaren Krankenversorgung darüber hinaus aus dem Prinzip der internen Vollkostenverrechnung in großen klinischen Funktionseinheiten. Als sog. Vollkostenprinzip bezeichnet man zum einen die anteilige Verrechnung aller Basiskosten (Personal- und Sachkosten) eines Klinikums für den Betrieb der Wirtschafts- und Versorgungsdienste (Apotheke, Einkauf, Logistik, Lagerwesen, Bettenaufbereitung und Desinfektion), für den Betrieb der Technischen Dienste, der Hol- und Bringdienste, des klinischen Hauspersonals und der Ausbildungsstätten dieses Klinikums, d.h. samt und sonders notwendige, aber indirekte oder „mittelbare", weil nicht abteilungsbezogene Personal- und Sachkosten eines jeden klinischen Betriebes. Unter den anteilig verrechneten Vollkosten subsumieren aber auch die für jede Funktionseinheit der unmittelbaren und mittelbaren Krankenversorgung anfallenden anteiligen Personal- und Sachkosten für die Leitungsorgane, für die Allgemeine Klinikumsverwaltung (allgemeine Organisation, Personal- und Liegenschaftsverwaltung, Telefon- und Postdienste etc.), für die Finanzverwaltung (einschließlich der stationären und ambulanten Leistungsabrechnung), für die Technischen Betriebe, für die Technik-unterstützte Informationsverarbeitung (TIV) und das Rechenzentrum, für die Verpflegungsbetriebe und für die Reinigungsdienste (Tab. 3).

LEISTUNGSVERRECHNUNG	
Summe Abteilungs-Kosten	3.779.520
(Übertrag aus Tab. 1)	
Summe Basis-Sachkosten	143.303
Bettenzentr./Wäsche	3.823
Verwaltung	557.577
Technik	66.908
Reinigung	248.408
Energie u. Gebäude	193.037
TIV	24.630
Sonstige Basisbereiche	41.254
Sonstige Dienstleistungserbr.	29.771
Summe Verrechnungskosten	1.165.407
Summe Basis-Kosten	1.308.710
Summe Gesamtkosten	5.088.230

Tab. 3: Vollkostenverrechnung eines Pathologischen Institutes als eines „Ergebniscenters" in einem Krankenhaus der Maximalversorgung. „Anteilige" Budgetbelastung des Institutes mit den aus dem stationären Krankenversorgungsauftrag der klinischen Medizin sich ergebenden allgemeinen Betriebsausgaben („Basis-Kosten") der klinischen Funktionseinheit Krankenhaus. Allein die aus Geschäftsführung, Verwaltung, Controlling und TIV-Abteilung resultierenden anteiligen Kosten liegen heute in der gleichen Größenordnung wie die Kosten für den Ärztlichen Dienst (vgl. Tab. 1)

Viele dieser für das Funktionieren des Ganzen absolut notwendigen und völlig unverzichtbaren Verwaltungs- und Dienstleistungsbereiche eines Klinikums sind in ihrem Leistungsprofil und ihrem Leistungsumfang ganz selbstverständlich an den Erfordernissen eines Krankenhauses der Zentral- oder Maximalversorgung mit dem gesamten Leistungsprofil der modernen klinischen Hochleistungsmedizin orientiert, für ein Pathologisches Institut mit seinem für die klinische Diagnostik ungemein wichtigen, methodisch und thematisch gleichwohl umschriebenen Dienstleistungsauftrag aber absolut überdimensioniert oder sogar völlig irrelevant. Allein die anteilige interne Vollkostenverrechnung für die Geschäftsführung, für die allgemeine Krankenhausverwaltung, die Finanzverwaltung und das Controlling liegen heute für ein großes und entsprechend leistungsintensives patho-histologisches Dienstleistungsinstitut in aller Regel in der gleichen Größenordnung wie die Personalkosten für den gesamten Ärztlichen Dienst dieses Institutes! Die anteilige Verrechnung der Vollkosten eines solch riesigen Verwaltungs- und Dienstleistungsbereichs im internen Budget eines Pathologischen Instituts bedingt dagegen eine völlig inadäquate, weil betriebsferne und abteilungsbezogen in hohem Maße unwirtschaftliche Budgetbelastung, die durch die leistungsbezogenen Einnahmen des Instituts aus der ambulanten und stationären Krankenversorgung nicht verdient werden kann.

Als geradezu exemplarisch für Budgetierungszwänge durch interne Vollkostenverrechnung des riesigen Verwaltungsapparates kann dabei das Controlling gelten. Der unter dem Diktat der wirtschaftlichen Betriebsführung in den Pflegesatzverhandlungen mit den Kostenträgern erzwungene Aufbau eines Controlling (mit den Funktionsbereichen Wirtschaftsplanung, Leistungserfassung, Entwicklung eines internen Budgets, Kosten-Leistungs-Nachweis und Reporting) beinhaltet zwar eine durchaus willkommene, kontinuierliche Buchführung und damit zugleich eine durchaus effektive Regieassistenz für die Instituts- und Klinikdirektoren, erweist sich aber für Pathologische Institute im Spiegel der de facto völlig fehlenden Disponierungsfähigkeit der Institutsdirektoren über das tarifrechtlich gebundene Personalbudget (mehr als 90%) und im Spiegel ihrer nur minimalen Disponierungsfähigkeit über das Sachbudget (allenfalls 10% des Gesamthaushaltes eines Pathologischen Instituts) als eine in sich selbst außerordentlich kostenträchtige, modernistische Fehlinvestition. Mögliche Einsparungseffekte durch das Controlling sind in Funktionseinheiten der mittelbaren Krankenversorgung mit der Dominanz ihrer Personalbudgets gegenüber den Sachbudgets viel zu gering, als daß sich die Einrichtung eines Controlling für solche Institute der mittelbaren Krankenversorgung rechnete.

Gleiche Überlegungen gelten für den Bereich der autonomen ambulanten Leistungsabrechnung. Patho-histologischen Untersuchungen liegt ein sehr begrenztes Methodenspektrum zugrunde, das sich in wenigen, immer wiederkehrenden Abrechnungsziffern der Gebührenordnung für Ärzte (GOÄ) widerspiegelt. Da die Entscheidung über den Einsatz histologischer und immunhistologischer, aber auch molekularbiologischer Methoden organ- und befundabhängig ist, d.h. vom Ergebnis der makro- und mikroskopischen Untersuchung durch Ärzte und von differentialdiagnostischen ärztlichen Überlegungen bestimmt wird, ist die Leistungsabrechnung in Pathologischen Instituten selbst ärztliche Entscheidung, Teil der ärztlichen Diagnostik am Mikroskop. Wenn aber die ambulante Leistungsabrechnung zur ärztlichen Leistung am Mikroskop geworden ist, bedarf es - jedenfalls in modernen Pathologischen Instituten - beim Einsatz moderner Datenverarbeitungssysteme und bei der Übertragung patientenbezogener Daten auf moderne Datenträger keiner eigenständigen personalintensiven ambulanten Abrechnungsabteilung mehr. Und auch die durch Mahnungen und Rechtsstreitigkeiten eingetriebenen

Erlöse für feingewebliche Untersuchungen sind viel zu unbedeutend, als daß sich der Personaleinsatz und die Personalkosten eines Sachbearbeiters der ambulanten Kostenverrechnung rechtfertigten. Aus der Systematik der anteiligen Vollkostenverrechnung aber resultiert unverändert eine anteilige Inrechnungstellung der Personal- und Sachkosten dieser ambulanten Abrechnungsabteilung im internen Budget des Pathologischen Instituts.

Ambulante Kostenverrechnung und Budgetierungsdilemma

Die Problematik einer inadäquaten Vollkostenverrechnung ergibt sich für den Gesamtbereich der ambulanten Kostenverrechnung aber noch aus einem zweiten, betriebswirtschaftlich wenig sinnvollen Budgetbereich. Pathologische Universitätsinstitute und Pathologische Institute an großen, nicht-universitären Klinika sind, wie bereits mehrfach erwähnt, in aller Regel eingebunden in den ambulanten Organisations- und Versorgungsauftrag der Kassenärztlichen Vereinigungen. Dies bedingt die oft länderübergreifende diagnostische Betreuung einer großen Klientel niedergelassener Ärzte, die ihre kleinen Gewebeproben (Biopsien) und größeren Operationspräparate zur Untersuchung und Befundsicherung in Pathologische Institute einsenden. Quantitativ dominiert in größeren Pathologischen Instituten heute der ambulante diagnostische Dienstleistungsauftrag bei weitem den stationären Dienstleistungsauftrag, die Einsendungen aus dem eigenen universitären oder nicht-universitären Klinikum. Auch für diesen ambulanten Dienstleistungsauftrag erfolgt der Kostenersatz nach den Regeln der Gebührenordnung für Ärzte (GOÄ).

Seit mehr als zwei Jahrzehnten verlangen der Verordnungsgeber und die Kostenträger des stationären Gesundheitswesens aber auch für alle ambulanten Leistungen eines Krankenhauses das Prinzip der Vollkostenverrechnung. Daraus folgt, daß in die Kostenberechnungen für ambulante diagnostische Leistungen eines Pathologischen Instituts nicht nur die unmittelbaren Personal- und Sachkosten für diese diagnostischen Institutsleistungen eingehen, sondern auch die eben erwähnte anteilige Vollkostenverrechnung aller indirekten, „mittelbaren" Gestehungskosten eines großen klinischen Betriebes, aller jener Kosten, die ausschließlich durch die ungleich aufwendigere und damit kostenintensivere stationäre Krankenversorgung bedingt sind. Diese „anteiligen" Gestehungskosten liegen für Pathologische Institute mit ihrem eher kleinen stationären, aber oft riesigen ambulanten Dienstleistungsauftrag aber ungleich höher als der Kostenersatz nach Maßgabe der GOÄ, so daß die Ertragssituation der in einem großen stationären Umfeld angesiedeten Pathologischen Institute durch diese hohe interne Vollkostenverrechnung stets eine quasi system-immanente Unterfinanzierung ausweist, die berühmt berüchtigte sog. Ambulanzunterdeckung.

Diese Ambulanzunterdeckung ist keineswegs ein Spezifikum des ambulanten histo-pathologischen Dienstleistungsauftrags Pathologischer Institute, vielmehr seit vielen Jahren ein heiß umkämpftes Problemfeld der gesamten ambulanten Medizin in allen jenen Krankenhäusern, die in den ambulanten Sicherstellungsauftrag der Kassenärztlichen Vereinigungen eingebunden sind. Die Ambulanzunterdeckung dient aus Sicht der Kostenträger des stationären Gesundheitswesens der Entlastung der Pflegesätze für die stationäre Krankenversorgung und ist, obwohl betriebswirtschaftlich seit langem als unsinnig erkannt, von den Profiteuren dieser Unterdeckung, den Krankenkassen, in den Pflegesatzverhandlungen über zwei Jahrzehnte mit Klauen und Zehen verteidigt worden. Und Pflegesatzverhandlungen haben bei der Machtposition der Krankenkassen nur allzu oft den Charakter eines Pflegesatzdiktates. Auch aus solchen, von den Kostenträgern der stationären Krankenversorgung erzwungenen system-immanenten Unterfinanzierungen der gesamten ambulanten Krankenversorgung an klinischen Funktionseinheiten aber resultiert für Pathologische Institute ein permanentes Budgetierungsdilemma, aus dem es nur den Ausweg eines Systemwechsels, einer vollständigen betriebswirtschaftlichen Trennung von stationärer und ambulanter Krankenversorgung im Haushalt dieser komplexen Funktionseinheiten gäbe.

Instrumente zum Abbau von Budgetierungszwängen

Die Instrumentarien zum Abbau von Budgetierungsdilemmata sind nicht zuletzt angesichts des extrem fremdbestimmten Dienstleistungsauftrags Pathologischer Institute außerordentlich begrenzt: Leistungsverdichtung, Rationalisierung der Verfahrensabläufe, Leistungsabbau. Alle drei Instrumentarien beinhalten im Hinblick auf den gesetzlich verankerten qualitativen und quantitativen Sicherstellungsauftrag Pathologischer Institute in der universitären Hochleistungsmedizin einen „Ritt über den Bodensee".

Leistungsverdichtungen zum Abbau von Budgetierungszwängen bedeuten in einem methodisch begrenzten Dienstleistungsbereich mit definierten Anhaltszahlen für die medizinischen Assistenzberufe und für die ärztlichen Mitarbeiter sehr rasch organisatorische Überforderungen der Leistungserbringer und damit rechtlich die Gefahr des Organisationsverschuldens der für die Organisationsabläufe Verantwortlichen. Einziges Kompensationsinstrument ist hier die Verdichtung durch höhere Qualifikation und methodisch-technische Routine der MTLA, d.h. durch individuelle Frequenzsteigerung. Technisches Fehlverhalten und diagnostische Fehlleistung unter zu hohem Leistungsdruck sind hier der Rubikon, der nicht überschritten werden darf.

Rationalisierung am Arbeitsplatz bedeutet bei methodisch oft eher einförmigen, weil immer wiederkehrenden, zugleich aber bereits hochverdichteten Arbeitsprozessen vor allem Optimierung der Koordination der Arbeitsprozesse zwischen den verschiedenen Berufsgruppen. Wenn es richtig ist, daß die Berufsgruppe der MTLA die technische Herrichtung der Schnitte für die ärztliche Diagnostik übernimmt, die dann von Ärzten befundet und beurteilt werden, ehe die ärztlich diktierten Befundberichte von Schreibkräften in Datensysteme übertragen werden, dann bietet sich für die gesamte patho-histologische Diagnostik ein zeitlich gestaffelter 12-Stunden-Tag an, bei dem die MTLA ihren 8-Stunden-Tag um 7.00 Uhr morgens beginnen, ehe die ärztlichen Mitarbeiter 2 Stunden später mit der mikroskopischen Diagnostik anfangen. Und ein wesentlicher Teil der Schreibkräfte nimmt seine Tätigkeit wiederum 2 Stunden später auf, um die Befundberichte nach Diktat auf Datenträger zu übertragen und den postalischen Versand an die behandelnden Ärzte zu gewährleisten. Es soll nicht verschwiegen werden, daß durch Optimierung der Koordination zwischen den Berufsgruppen eines Pathologischen Instituts in der Vergangenheit wesentliche Rationalisierungsreserven erschlossen werden konnten, die auch Budget-Relevanz besessen haben. Der Preis für diese budget-relevante Rationalisierung aber ist eine „Diagnostik am Fließband" gewesen mit allen Zwängen der Fließbandarbeit. Und Fließbandarbeit in der ärztlichen Diagnostik ist „gefahrengeneigte Tätigkeit" geworden.

Das kritischste Instrument zum Abbau von Budgetierungsdilemmata aber ist in allen medizinischen Bereichen der Leistungsabbau. Es kann - auch in der nichtmedizinischen Öffentlichkeit - kein Zweifel mehr bestehen, daß die sog. Kostenexplosion im Gesundheitswesen in der klinischen Medizin bei gedeckelten Budgets im Gesundheitswesen auch einen Leistungsabbau in Gang gesetzt hat. Die gesamte klinische Medizin kann heute nicht mehr das tun, was sie kann! Der Gesetzgeber hat vielmehr verfügt, daß nur noch das getan werden darf, was aus ärztlicher Sicht „erforderlich und wirtschaftlich vertretbar" ist. Der Leistungsabbau von einer optimalen zu einer wirtschaftlich vertretbaren Krankenversorgung ist demzufolge in allen Bereichen der klinischen Medizin in vollem Gange, auch in Pathologischen Instituten. Auf der Strecke geblieben ist eine Vielzahl jener Leistungen, für die es schon in der Vergangenheit keinen Kostenersatz gegeben hat, die aber unter Berücksichtigung eines höheren Qualitätsstandards aus ärztlicher Einsicht, ethischem Grundverständnis, ärztlicher Verantwortung und Verantwortlichkeit dennoch ganz selbstverständlich waren. Auf der Strecke geblieben sind zudem eine Vielzahl von engmaschigen diagnostischen Qualitätssicherungsverfahren bis hin zur Einschaltung besonders spezialisierter diagnostischer Referenzzentren bei seltenen, u.U. sogar exotischen Erkrankungen. Hier, am diagnostischen oder therapeutischen Einzelfall im besonderen, offenbart sich das Budgetierungsdilemma immer und immer wieder als ein ebenso bedrückendes wie gesellschafts- und gesundheitspolitisch provokatives Entscheidungsdilemma der gesamten klinischen Medizin. Aber in diesem Entscheidungsdilemma gilt für ärztliches Handeln in unserem Kulturkreis zugleich auch noch immer das Wort Ludolf Krehl's: „Sind wir Ärzte, ist der kranke Mensch alles!"

GPSR Compliance
The European Union's (EU) General Product Safety Regulation (GPSR) is a set of rules that requires consumer products to be safe and our obligations to ensure this.

If you have any concerns about our products, you can contact us on

ProductSafety@springernature.com

In case Publisher is established outside the EU, the EU authorized representative is:

Springer Nature Customer Service Center GmbH
Europaplatz 3
69115 Heidelberg, Germany

www.ingramcontent.com/pod-product-compliance
Lightning Source LLC
LaVergne TN
LVHW010051061026
849532LV00004BC/1218
* 9 7 8 3 5 4 0 4 1 3 9 3 6 *